幼儿园教育活动
重、难点策略研究

北京市东城区崇文第三幼儿园

袁春芬　王　辉　主编

中国农业出版社

图书在版编目（CIP）数据

幼儿园教育活动重、难点策略研究／袁春芬，王辉
主编 . —北京：中国农业出版社，2015.3（2015.12 重印）
ISBN 978 - 7 - 109 - 20169 - 9

Ⅰ.①幼⋯　Ⅱ.①袁⋯ ②王⋯　Ⅲ.①学前教育-教
学研究　Ⅳ.①G612

中国版本图书馆 CIP 数据核字（2015）第 031232 号

中国农业出版社出版
（北京市朝阳区麦子店街 18 号楼）
（邮政编码 100125）
责任编辑　孙利平
————————————————
中国农业出版社印刷厂印刷　　新华书店北京发行所发行
2015 年 5 月第 1 版　　2016 年 1 月北京第 2 次印刷
————————————————
开本：787mm×1092mm　1/16　　印张：9.75
字数：246 千字
定价：38.00 元
（凡本版图书出现印刷、装订错误，请向出版社发行部调换）

北京市东城区崇文第三幼儿园

编　委　会

主　编：袁春芬　王　辉

副主编：崔淑萍　杨　艳　李　晶　张　颖

编　委：高洁芳　王　朔　金　东　李　环

　　　　曹　群　冯　薇　毕红文　刘玉敏

　　　　冀文华　丁惠英　左慧娟　王　佳

　　　　刘靖薇

序

　　大约两年前，初闻北京市东城区崇文第三幼儿园（以下简称"三幼"）准备开展"教学重、难点的研究"，不禁为她们的研究落点所称道。突出重点、突破难点是实现教学有效性的重要条件，也是教师教学能力的重要体现。目前针对幼儿园教学活动中重、难点问题解决策略的研究还比较少，可借鉴的经验和资料相对匮乏。因此，这项研究有一定难度，然而研究成果又很有价值。

　　在三幼开展课题研究期间，我陆续参加过一些研究活动，发现有以下几个特点：第一，研究思路清晰、方向明确。在与课题负责人的交流中，可以感觉到她们的研究思路非常清晰，从结合陈鹤琴教授"活教育"理论开展学习、明确课题研究的理论支点、形成课题研究的理论依据，到多种与实践相关联研究途径的确立，呈现出研究思路的明确和清晰，为进一步开展研究奠定了良好的基础。第二，从事课题研究的团队有能力。三幼有一支很有能力的、引领课题研究的团队，从园长到业务园长再到几位业务骨干教师，她们有着良好的合作能力和研究水平。她们勤于思考，对"教学重、难点"课题的研究方向明确、方法得当；她们深入班级，从教师们的实践中发现问题，并探讨研究的切入点；她们精心设计和组织每一次课题研究

活动，且在活动中不断带领教师们深入思考、大胆实践，体现出了很强的引领能力。第三，课题研究活动与教学现场紧密结合。参加三幼的课题研究活动内容大都是以教学现场为依托、以真实的教学场景为背景，结合教学重、难点确定和解决的策略，有目的地开展研讨，有效推进着研究的进程。第四，研究效果显著。我从教师们的教学实践中看到了这项研究的实效。教师们会从幼儿已有经验等多方面思考和确定教学活动的重、难点，并努力通过多种途径和策略实现重点的突出和难点的突破，用更适宜的方法引导和促进幼儿能力和水平的发展，同时也提升着自身的专业技能和研究水平。

这本书呈现了三幼在"教学重、难点"这一课题的研究经历和成果，相信对有相关研究兴趣和需要的幼教同行有借鉴和启迪的作用，也相信三幼的教师们会在此基础上进一步开展研究，今后会有更多、更好的经验奉献给大家。

北京市东城区教育研修学院学前研修部

马 春 杰

2014 年 4 月 27 日

前　言

北京市东城区崇文第三幼儿园始建于1959年，占地4000多平方米，拥有教职工70余人，设有13个教学班，招收3～6岁幼儿400余名，是一所现代化的北京市示范园。

多年来，幼儿园依据"科学化、现代化、生活化、儿童化"的办园思路，本着"向科研要质量，以特色求发展"的办园宗旨，积极投身教改实践，自"七五"至"十二五"期间，幼儿园在现代教育理念指导下，积极开展教育科研研究，先后承担了国家及市区级"蒙台梭利教育与现代教育融合的实践研究""现代教育技术促进幼儿创造力发展""大自然、大社会促进幼儿创造潜能""在体验活动中促进幼儿可持续发展意识与行为习惯养成""借鉴多元智能理论，培养幼儿责任感""运用'活教育'理念，有效解决教育活动重、难点的研究"等重点课题的研究任务，取得了丰硕的研究成果。课题研究的过程促进了教师教育观念的更新、教师队伍的专业成长与科研素养的提升，也促进了幼儿园教育质量的不断提升，幼儿园先后成为北京市一级一类幼儿园、北京市示范园、北京市科研先进单位、北京市早期教育示范基地、北京市特殊教育基地、联合国教科文组织可持续发展

教育项目示范校、北京市陈鹤琴教育思想研究基地幼儿园，使幼儿园成为了具有一定特色和影响力、可持续发展的优秀园所。

幼儿园以"粉色文化"为办园特色，以"温馨和谐、尊重理解、健康快乐"为内涵，每位教职工用"微笑与爱抚、朝气与活力、愉悦与美好"影响着每一位家长的教育观、儿童观，让每一位幼儿快乐、健康成长。

北京市东城区崇文第三幼儿园

2015 年 3 月

目 录

序
前言

运用"活教育"理念，有效解决教育活动重、难点的研究课题开题报告　　袁春芬 1
把握"活教育"理论的核心，为课题研究提供理论支撑点　　王 辉 3
在科学实验活动中巧妙化解难点　　金 东 5
运用现代信息技术解决语言活动中重、难点的实践　　李 晶 8
在中班歌唱活动中准确定位及解决重、难点初探　　左慧娟 11
在绘画活动中有效解决重、难点，开启幼儿自主创作的能力　　冀文华 14
如何在一物多玩活动中有效突破难点　　毕红文 19
对音乐活动重点与难点的理解以及有效解决的点滴感悟　　李 环 22

教育活动精选案例

健康领域　27

滚大球（小班）　　项伟超 27
一物多玩——兔宝宝逛公园（小班）　　王 佳 29
开心的小鸭子（小班）　　毕红文 30
平衡台游戏——探险者（大班）　　李 环 32
好玩的垫子（大班）　　王 朔 33
一物多玩——有趣的椅子（大班）　　王 朔 35
翻越障碍（大班）　　曹 群 36
身体的力量（大班）　　曹 群 38
负重跑（大班）　　曹 群 39

2 社会领域 41

我不跟你走（小班）　　　　　　　　　　　冯　薇 41
闪闪鱼（小班）　　　　　　　　　　　　　王　佳 42
我叫轻轻（小班）　　　　　　　　　　　　王　佳 44
会说话的……（中班）　　　　　　　　　　张　颖 46
奇特的盲道（中班）　　　　　　　　　　　张　颖 48
怎么办（中班）　　　　　　　　　　　　　张　颖 49
方便的投币机（大班）　　　　　　　　　　张　颖 51
你很快就会长高（大班）　　　　　　　　　王　朔 53
当别人难过的时候（大班）　　　　　　　　冯　薇 55
团结力量大（大班）　　　　　　　　　　　冯　薇 56
我和动物是朋友（大班）　　　　　　　　　景　峥 58

3 语言领域 60

动词游戏（小班）　　　　　　　　　　　　李　晶 60
热闹的小院（小班）　　　　　　　　　　　李　晶 61
说"子"字的游戏（小班）　　　　　　　　李　晶 63
找春天（小班）　　　　　　　　　　　　　李　晶 65
夏天在哪里（小班）　　　　　　　　　　　杜京云 67
一二三，自己爬起来（小班）　　　　　　　杜京云 68
风在哪里（中班）　　　　　　　　　　　　李　晶 70
冬天的小路（中班）　　　　　　　　　　　张志娟 72
柳絮飘飘（中班）　　　　　　　　　　　　张　立 75
颠倒词游戏（大班）　　　　　　　　　　　杜京云 76
熊叔叔的生日派对（大班）　　　　　　　　张志娟 78
搬过来　搬过去（大班）　　　　　　　　　景　峥 79
月亮船（大班）　　　　　　　　　　　　　景　峥 81

4 科学领域　85

吹泡泡（小班）　　　　　　　　　　　　　　丁惠英　85
透光不透光（中班）　　　　　　　　　　　　金　东　86
光宝宝穿管子（中班）　　　　　　　　　　　金　东　88
插花（中班）　　　　　　　　　　　　　　　付蓓蕾　89
有趣的三脚架（大班）　　　　　　　　　　　金　东　90
沙漏游戏（大班）　　　　　　　　　　　　　金　东　92
让拐弯的瓶子走直线（大班）　　　　　　　　金　东　94
食品的保质期（大班）　　　　　　　　　　　金　东　95
怎样装得更多（大班）　　　　　　　　　　　金　东　97
会站立的铁丝小人（大班）　　　　　　　　　杨志琴　99

5 数学领域　100

可爱的小树叶（小班）　　　　　　　　　　　刘玉敏　100
比多少（小班）　　　　　　　　　　　　　　刘玉敏　101
点数5以内的数（小班）　　　　　　　　　　崔淑萍　103
6以内的点数——鸡妈妈的蛋（小班）　　　　任雪梅　104
统计生日月份及属相（小班）　　　　　　　　曹　群　106
分类统计（中班）　　　　　　　　　　　　　刘玉敏　108
数的守恒（中班）　　　　　　　　　　　　　刘玉敏　109
抓豆（中班）　　　　　　　　　　　　　　　冯　薇　110
面积守恒（大班）　　　　　　　　　　　　　刘玉敏　112
解密电话号码（大班）　　　　　　　　　　　崔淑萍　113
排一排（大班）　　　　　　　　　　　　　　曹　群　114

音乐　117

打击乐《哈巴狗》（小班）　刘靖薇 117

歌曲《小蜂窝》（小班）　冯　薇 118

音乐歌曲《小船》（中班）　刘靖薇 120

音乐歌曲《吹泡泡》（中班）　刘靖薇 121

音乐欣赏《猎熊》（大班）　王　朔 122

节奏与节拍（大班）　李　环 124

歌曲《蜗牛与黄鹂鸟》（大班）　王　朔 125

卡农演唱《春天在哪里》（大班）　李　环 127

音乐节奏游戏——节奏火车（大班）　李　环 128

歌曲《小树叶》（大班）　左慧娟 130

美术　131

寻找丢失的螺旋（小班）　高洁芳 131

小樱桃（小班）　张志娟 132

手型彩绘——可爱的动物（中班）　高洁芳 134

石头创意——动物（中班）　冀文华 135

绘画——大家一起来跳绳（中班）　冀文华 137

画荷（大班）　高洁芳 138

创意绘画——小老鼠上灯台（大班）　冀文华 140

泥条盘筑——花瓶（大班）　冀文华 141

立体贺卡（大班）　王　朔 142

运用"活教育"理念，有效解决教育活动重、难点的研究课题开题报告

北京市东城区崇文第三幼儿园

袁春芬

一、本课题国内、外研究现状述评

教学重、难点就是教学重点与教学难点的合称，是书写教学计划的必备要素之一，也是完整的一节课当中的主体部分。如何确定教学重、难点，如何破解教学重、难点，从而建构出新的教学框架，是提升教育活动质量、促进幼儿发展的关键因素。纵观幼教领域，在研究教学重点和难点的问题上还不是很多，而且没有可以借鉴的理论。在中、小学的教参中，有许多关于教学重点和难点的论述，但是关于幼儿园集体教学中的重点和难点问题的研究基本上是一个空白。而重点和难点的确立又是幼儿园领域教学活动中非常重要的一环，在教学中起着非常重要的作用，能够使教师更好地围绕目标，有的放矢地进行教学活动。所以，对于幼儿园集体教学活动中重点和难点的研究，有着非常大的意义。

二、选题的目的、意义

为进一步深化开展幼儿园游戏课程及长远的发展，关注幼儿游戏活动，有效运用"幼儿在前，教师在后"、"追随幼儿、师生互动"、"引领幼儿、师幼相长"的教学手段，准确分析和把握游戏活动中的重、难点，以达到为幼儿提供适宜的教育环境、对幼儿游戏活动进行有效回应、促进幼儿主动发展的目的和意义，我园根据多年的一线教学经验，总结5年的课题研究成果，出版了这本书，希望起到抛砖引玉的效果，为更多的一线教师提供教学参考，共同为幼儿健康、快乐发展提供保障。

三、课题研究的主要内容

我们主要从以下两个方面入手，进行了深入地研究。

1. 有效分析教学活动重、难点方法与策略的研究。

新课程理念突出强调改变幼儿的学习方式，重点培养幼儿自主学习的能力，把教学的立足点由教师的"教"转向幼儿的"学"。这就要求教师在备课环节能够对教材和幼儿的发展，充分地分析和了解，科学、准确地把握教学活动中的重、难点，可以为幼儿的自主学习提供有力地支持和帮助，从而实现教与学协调同步，促进教育目标的实现。

2. 有效解决教学活动重、难点方法与策略的研究。

教学重、难点是在教学过程中阻力较大或难度较高的关键点，也是幼儿学习起来比较困难的知识点和不易理解问题的地方。教育活动要完成教育目标，就需要教师在活动中必

须做到突出重点、解决难点，帮助幼儿理清思路，从而有效学习，促进幼儿发展。

四、研究方法、手段和途径

1. 文献资料法。

教师深入细致地学习陈鹤琴"活教育"理论，并充分借助"活教育"理论支持与指导，解决活动重、难点问题，找出课题实施的切入点，实现课题研究的创新。

2. 行动研究法。

教师将课题研究工作深入到日常教学活动中，分析实践研究过程，反思实践研究的得失，通过"实践——观察与研究——分析与反思——再实践研究"的螺旋或上升的研究过程，最终形成有价值的研究成果。

3. 案例研究法。

教师结合课题实践工作，收集和整理与课题相关的教育教学案例，以实践过程中的典型案例为素材，进行深入地分析和研究，从而形成有效的活动案例。

五、具体实施步骤

第一阶段：准备阶段（2011年3～6月）

1. 在调查的基础上，结合"活教育"理论学习，明确课题研究的理论支点，形成课题研究的理论依据。

2. 成立课题组，明确课题成员职责，组织课题成员对《课题申请》进行学习、讨论，使课题组成员明确研究的方向、目的、意义和主要研究内容。

3. 在深入学习的基础上，形成以课题组成员为主的子课题研究方案，明确个人研究方向和重点，制定个人研究计划。

第二阶段：课题实践阶段（2011年7月～2014年12月）

1. 结合园本课程开展有效分析重、难点策略的研究，并结合研究的策略对园本课程案例进行重、难点的分析和确定。

2. 通过日常教学、课题观摩等方式，采用不同观察方法对幼儿在活动中的表现和反应进行记录，分析重、难点的准确性和分析重、难点策略的适宜性。

3. 结合教学案例开展有效解决重、难点策略的研究。

4. 通过日常教学、课题观摩等方式，采用不同观察方法对幼儿在活动中的表现和反应进行记录，分析重、难点解决策略的适宜性。

第三阶段：课题总结阶段（2015年1～7月）

1. 后期调研工作：针对活动目标的实现状况，进行分析并书写分析报告，评价策略的适宜性。

2. 收集整理实践过程的各种资料并进行分析和整理，撰写课题研究报告。

3. 收集整理实践过程中各研究阶段的成果、经验论文等，将成果集中、提升并推广。

把握"活教育"理论的核心，为课题研究提供理论支撑点

北京市东城区崇文第三幼儿园

王　辉

陈鹤琴先生于 20 世纪 40 年代初期提出了他的"活教育"理论，主张中国儿童教育的发展要适合国情，符合中国儿童身心发展规律。它的意义就在于它是从我国的国情出发提出来的，对我国的学前教育具有指导意义。

"活教育"理论的产生对于中国当时的教育具有深远的意义，而"活教育"理论对当今幼儿教育发展的促进作用在哪里？与现行《幼儿园教育指导纲要（试行）》和《3～6 岁儿童发展指南》的精神是否具有相通之处？如何最大限度地发挥"活教育"理论的核心价值，并为今天的教育、今天的儿童服务是我们幼儿教育工作者必须要思考的。

"活教育"理论的核心本质是什么？其理论观点对于如何解决教育活动中重、难点的方法及实践指导的切入点到底在哪里？这是借助"活教育"理论工具开展研究、促进幼儿发展的前提和条件。

为此，课题组开展了多种方式的学习、培训、研讨活动，重点针对"活教育"理论的核心价值进行了深入地分析和解读，并结合教育活动重、难点的研究方向开展了研讨，在学习、研讨的基础上梳理出了"活教育"理论对本课题研究的启示。

"活教育"理论核心价值对有效解决教学活动重、难点研究的启示

"活教育"理论的核心	对教学重、难点研究启示
1. "活教育"目的论——强调做人的教育 陈鹤琴在"活教育"目的论中明确而全面地提出了"做人，做中国人，做现代中国人"之教育目的。强调"做人"的基本条件是： 第一，要有强健的身体； 第二，要有建设的能力； 第三，要有创造的能力； 第四，要有合作的态度； 第五，要有服务的精神。	1. 找准方向、把握价值、科学定位 "活教育"理论蕴含了做人教育、情感教育、养成教育的理念。幼儿个体健康和谐的发展与其将来学会做人而必须具备的做人态度、良好习惯、健康情感和兴趣、学习的方法、人生的技能有着密切的关系。因此，"做人教育"是当今深化幼儿教育、教学改革所应追求的目标和理念。为此作为教育途径之一的教学活动重、难点的确定也必须以"做人"为根本目的，综合考虑兴趣习惯、情感态度、学习方法、品质和知识技能等多种因素，而不应仅仅以知识点为唯一。为此，找准方向、把握价值、科学定位重、难点是实现有效教学的前提。

"活教育"理论的核心	对教学重、难点研究启示
2. "活教育"课程论强调"活教育"观、"活学习"观 陈鹤琴先生批评旧教育是"死教育"，针对课程、教材的盲目和呆板、教学方法欠适宜和灵活，提出了"活教育"的课程论，强调课程实施应采用"整个教学法"、游戏式和小团体式教学，体现了"活教育"，反对传统教育注入式、填鸭式的教学方法、死记硬背的读书方法和消极制裁的管理方法，突出了"活学习"观。	2. 搭建支架、活用策略、突破重、难点 旧课程观认为课程就是教材，教材又是知识的载体，因而教材是中心。而"活教育"课程观认为课程不仅是知识，同时也是经验，是活动。课程不仅是文本课程，更是体验课程。课程不应只是知识的载体，而是教材、教师、幼儿、环境的整合。为此，教学重、难点的解决过程也必定要突出整合教学、游戏教学、小组教学、活动教学、灵活教学的理念，为幼儿的主动探究和学习搭建支架，使重、难点的解决是靠理解、科学探究、实践活动获得的，而不是靠教师灌输、死记硬背获得的。
3. "活教育"课程论强调实践教育 陈鹤琴先生根据"心理学具体化、教学法大众化"的指导思想，提出了"活教育"的 17 条教学原则：如凡儿童自己能够做的，应当让他自己做；凡是儿童自己能够想的，应当让他自己想；鼓励儿童去发现他自己的世界；分组学习，共同研究；教学游戏化；儿童教儿童等。 陈鹤琴先生把以上教学原则综合概括为"活动性（做）原则"、"儿童主体性原则"、"教学法多样化原则"、"利用活教材原则"、"积极鼓励原则"、"教学相长的民主性原则"等。	3. 尊重儿童、有效互动、促进发展 在教与学的问题上，"活教育"理论强调"以儿童为中心"。这种"以儿童为中心"的思想注重从幼儿兴趣出发、尊重幼儿的需要，重视直接经验，强调以"做"为中心。为此，教学重、难点的解决策略一定是体现"儿童在前、教师在后"的教育理念，最终促进幼儿发展。

　　我们深知：幼儿阶段的教育对人的成长有着极其重要的影响，在这个时期，给幼儿怎样的教育，将影响他的一生。陈鹤琴先生的"活教育"理论体系将一直指引着我们对幼儿教育进行深入地思考，我们在接下来的研究过程中，将不懈地继续以陈老的精神为动力，以陈老的"活教育理念"为指导，让幼儿在自然的、生活的真实课堂中，亲身的感知和体验，做出真经验、发展真能力、获得活智慧。

在科学实验活动中巧妙化解难点

金　东

科学实验活动是幼儿非常喜爱的科学活动形式之一，也是幼儿园科学教育的重要内容之一。因此，科学实验活动在幼儿园开展得非常普及。但是，以集体活动的形式开展科学实验活动却存在着这样的问题：

1. 幼儿对实验中所蕴含的科学原理并不理解，实验活动看似热热闹闹，但收获甚微；

2. 幼儿在实验过程中由于投放材料或操作方法的不当遇到了较大的困难，实验难以进行下去，自信心受到了打击；

3. 幼儿在实验过程中，仅仅变成教师预设流程的表演者，缺乏主动探索的精神；

以上问题形成的主要原因是教师对活动的重、难点缺乏分析或分析得不到位，缺乏有效化解重、难点的方法，致使活动的效果大打折扣。

那么，我们在科学实验活动中应该采用什么方法巧妙化解活动中的难点呢？

一、难点前置

所谓难点前置是指将教学的难点放在教学之前，通过某些辅助手段引导幼儿主动去发现、去探究、去交流。由于学前期的幼儿思维是以具体形象思维为主，因此对于一些需要经过多层次分析、推理的事情，是他们力所不及的。所以在科学活动中，仅仅按照常规设计的教案教授幼儿，对于幼儿来说是难以理解和接受的。这时，不妨采取难点前置的方法，将难点放在教学之前，通过某些辅助手段引导幼儿主动去发现。

例如：在大班幼儿开展科学活动"生活中的三脚架"时，教师为了突出教学中的重、难点，在活动开始的时候用问题情境的形式提出："如何搭建三脚架，解决晾晒衣服的问题？"请幼儿利用筷子动手试验，试验后总结出自己在第一次实验中使用了几根筷子，这为下一次的实验做好准备。在第二次的试验中，幼儿真正体会到了三角支撑是最方便、最稳定的方法。这次虽然幼儿明白了三脚支撑的原理，但是为了更好地突出活动中的重、难点，教师又在最后的环节中要求幼儿亲自动手合作制作一个三脚架，以能够放上衣服和小锅为标准。这个环节是幼儿最感兴趣的一个环节，他们在有目的地进行搭建的过程中，分组讨论，不断协商、调整三根木棍的方向，最后终于在搭建好的三脚架上搭上了衣服、架好了小锅。从孩子们兴奋的表情中，教师可以感受到成功带给他们的快乐。这样在三次实际动手试验的过程中，幼儿逐渐体会到了三脚架的原理。

又如：中班幼儿开展的科学活动"透光不透光"。在活动开始的时候，教师首先提出问题："什么颜色的布适合做窗帘？"幼儿针对问题纷纷提出自己的猜想，分别用黑布和红布进行实验，通过动手实验得出了颜色越深遮光效果越好的结论。

《幼儿园教育指导纲要（试行）》中指出：幼儿园"要尽量创造条件让幼儿实际参加探究活动，使他们感受科学探究的过程和方法，体验发现的乐趣。"几次活动通过问题前置的方法请幼儿充分进行尝试，帮助幼儿带着问题进行实验，带着问题进行思考。在整个活动中，幼儿的自主操作贯穿始终，无论是用多根筷子试验还是用不同颜色的布、不同数量的布进行实验，都充分尊重了幼儿的主体地位，为孩子创造了更多的思考和探究的空间，让孩子真正成为活动的主人。

二、层层递进

"递进"指阶段目标的循序渐进，即从已有经验出发努力实现目标，并不断提升发展目标。"层层"就是说把目标分解为阶段性的小目标，使个体很快地从目标导向行为转入目标行为，尽快实现目标，满足需要。同时在目标导向过程中，当个体能力提升时，教师及时提供给幼儿更高的目标。

如：大班的科学活动"有趣的电游戏"。这个活动的目的是通过实验，让幼儿了解生活中的水果和蔬菜是可以导电的。在第一次尝试连接时，教师只给幼儿提供了两个连着钟表的铜片和一个土豆。幼儿拿着小铜片和土豆，你看看我，我看看你，不知道应该怎样做才能让小钟表走动起来。这时一名幼儿将手中的两个小铜片无意间同时插进了土豆里，他发现电子钟神奇地跳动起来。他的发现带动了周围幼儿的探究热情，大家也都纷纷将自己的小铜片插进了土豆里，于是一个个小钟表快乐地跳动起来。

知道了让小钟表走动起来的方法后，幼儿进入到了探究发现什么物品可以让小钟表走动起来这个环节。在这个环节中教师为幼儿提供了导电和不导电的材料，幼儿可以根据自己的想法自由选择材料进行试验，并将试验结果记录在记录纸上。这个环节也是孩子们最感兴趣的环节。他们在试验中发现了有些材料可以让钟表走动起来，而有些材料不可以。在大家的谈论过程中，幼儿最后总结出：有水分的东西可以让小钟表走动起来，而没有水分的东西是不能让钟表走动起来的。

又如：中班科学活动"插花"。教师出示了花瓶和花，请幼儿把花插进花瓶里。幼儿在操作过程中发现当花放进花瓶里时，花瓶就倒了。怎么办呢？问题摆在了大家面前，通过讨论，幼儿得出将花瓶的底部放一些重的东西，花瓶就不会倒的结论。但是，教师又提出了新的问题："老师这里没有重的东西，怎么办呢？"经过思考，幼儿想出了用减掉一部分花茎、将花茎缠绕在一起等方法。在整个活动中，教师将目标分解、层层递进，引导着幼儿通过猜想、操作，最终找到了解决问题的方法。

教师提供材料，利用层层递进的引导策略，帮助幼儿了解了物理现象。在活动中逐一解决了难点，较好地实现了教学目标。

三、搭建支架

"支架式教学"源于维果斯基的"最近发展区"理论。维果斯基认为："儿童的发展有两种水平，一种是儿童现有的发展水平，一种是在他人的指导帮助下所能达到的较高水平，这两种水平之间的差距称为'最近发展区'。"它的存在为教学提供了可能，但是教学必须从幼儿的现有水平出发，逐渐给幼儿提出更高的发展目标。这也要求教师不断为幼儿搭建支架，引导幼儿从一个水平向更高水平发展。

例如：大班幼儿自主观察、自主实践的意识明显增强，他们对于带有问题情景和挑战性的活动更感兴趣，为了让他们感知到物体之间是有空隙的，提高他们合理安排、利用空间的能力。为此，教师设计了科学活动"怎样装得更多"，首先引导幼儿从科学现象入手，尝试将乒乓球和玻璃球装进瓶子里，看看哪组幼儿装得多。通过这个实验，帮助幼儿了解和关注物体是有空隙的，进而再出示小豆子，请幼儿猜想和实验小豆子能不能装进已经看似装满了的瓶子里呢？幼儿通过动手操作、大胆实验，了解把握合理填补空隙的方法，并将这种经验迁移到自己整理柜子、书包、玩具箱、旅行箱等实际生活中，从而学会合理利用空间的能力，最终获得如何在生活中学会整齐摆放物品的经验，养成良好的习惯，为入小学做好充分的准备。这种跳一跳够得着的方法激发着大班幼儿对科学实验活动的兴趣。

运用支架，破解难点的例子还有很多，例如：小班科学活动"怎么不淋湿"、"打开包装纸"等活动都体现了这一原则。帮助幼儿搭建支架，使无形抽象的科学原理看得见、摸得着，促进了有效教学。

当然，教学活动中突出重点、突破难点的方法还有很多，有待于我们不断总结、梳理和提升。

运用现代信息技术解决语言活动中重、难点的实践

李 晶

幼儿期是语言发展的关键期，处于迅速发展而不断完善的过程中。此时，多种多样的语言教育活动对于促进幼儿的语言发展具有积极作用。集体教育活动是多种语言教育活动形式中的一种，也是幼儿园比较常见的教育活动形式。而教育活动的设计与实施必然带来活动重点与难点的分析和解决的问题，结合幼儿语言发展的特点，我们在尝试运用现代信息技术解决语言活动重、难点的实践活动中有了如下感悟。

一、运用信息技术视听结合，解决理解、体验文学作品的重、难点

幼儿在体验文学作品的意境和理解文学作品的内容时，感官的调动是非常重要的。而信息技术的应用在视觉和听觉方面，都给幼儿提供了必要的支持。能够充分调动幼儿的感官来体验和理解文学作品。如诗歌《风在哪里》重点、难点是帮助幼儿体验诗歌中所蕴含的美感，提高幼儿对语言美的感受力。理解诗中"翩翩起舞""频频点头""凉爽"等词语的意思，朗诵诗歌。于是我应用了幻灯片中一个个动态的画面，让幼儿通过视觉，理解风在吹过时给周围景物带来的变化。大树说："当我的枝叶翩翩起舞，就是风在吹过。"花儿说："当我的花朵频频点头，就是风在吹过。"草儿说："当我的身体轻轻晃动，就是风在吹过。"同时这首诗歌又蕴含着文学作品的美感。为了进一步帮助幼儿体验诗歌中所蕴含的美感，提高幼儿对语言美的感受力。我又在幻灯片中插入了轻音乐《风的色彩》，柔和悠扬的乐曲将幼儿带入了诗的意境。幼儿陶醉其中，充分地感受到了诗歌的意境美，也情不自禁地跟随着音乐朗诵起来。这个活动中的重点、难点通过音频与视频的结合得到了很好的解决。

在以往的教学活动中，我们比较注重视觉的效果，从视觉的角度去解决理解、体验文学作品的重点和难点的策略比较多，而忽略了听觉的感受。经过不断实践，我发现在理解和体验文学作品的意境和故事中人物心理的变化时，适宜的音频效果也会起到锦上添花的作用。如在诗歌《家》的朗诵中，配以《回家》的萨克斯演奏；在《春天的色彩》中配以《春之声》的音乐；在《小球、小车》的诗歌后面配以欢快的游戏音乐。这些美妙的音乐都把幼儿带入诗歌中的意境，让幼儿从多种感官中去感受和理解、体验作品。

因此，应用视听结合的信息技术帮助我们解决了理解、体验语言意义和内涵的重、难点，同时也提升了幼儿的语言理解能力。

二、运用电子白板技术，让幼儿在参与操作中解决主动表达的重、难点

在语言活动的目标中幼儿学说短句、创编句子、丰富词汇的情形会经常出现，让幼儿

大胆地跟说、创编和表达就是活动中的重点和难点。怎样才能让幼儿主动地参与、自主地表达？我应用了电子白板技术，把课件制作成幼儿可以参与操作的形式，收到了很好的效果。

如故事《找春天》，我把几个小动物藏在图形的后面，让幼儿通过点击白板的图形把几个小动物找出来，一边找，一边来学说它们的对话。小兔子说："我看到春天了，春天的草是绿绿的。"小鸭子说："我摸到春天了，春天的水是暖暖的。"小蝴蝶说："我闻到春天了，春天的花是香香的。"幼儿通过电子白板参与操作，成了活动的主体，也乐于主动地表达学说句子。在儿歌《小球、小车》的幻灯片中，我让幼儿在自由猜想的基础上，请幼儿来点击白板，自己去揭开答案。"小车到底是什么小动物？而小球又是谁？"幼儿的主动性被充分地调动起来。"变成小鸭，变成乌龟，快快乐乐，游来游去。"这些儿歌成了幼儿主动学说的内容。

在丰富词汇的活动中，我应用电子白板的遥控性能，把幼儿组出的新词汇快速地反映到白板上，与全班幼儿一起分享，幼儿感觉很神奇，自己的答案被全班幼儿肯定、认可更感到很神气，就会更加积极地参与表达，让丰富词汇成为了自主表达的过程。

在以往的活动中，我们也让幼儿参与电教设备的操作，但仅限于让幼儿使用录音机、VCD 和 DVD。随着信息技术的飞速发展，我相信电脑、电子白板也将成为幼儿主动学习的工具。它不仅能够帮助我们解决语言活动中主动表达的重、难点，还可以成为幼儿在任何领域中主动学习与发展的好伙伴。

三、运用电子白板的不同操作形式，解决观察、讲述的重、难点

讲述是一种独白语言，要求幼儿能系统、清晰地表达自己的想法，而讲述的内容来自于图片，重点是引导幼儿观察。以往我们采用传统的纸质印刷图片，比较死板，没有给幼儿积极想象的空间，指导起来也比较困难。但是在应用了幻灯片的技术之后，我们可以通过不同的操作形式来引导幼儿观察、讲述。

如：在"有趣的尾巴和耳朵"的讲述过程中，我们采用了幻灯片与视频交叉放映的方法给幼儿观察想象的空间。通过观看"有趣的尾巴和耳朵"的视频和幻灯片，幼儿感受到动物的奇妙之处，主动把自己看到的表达出来："看呀，狗的耳朵能竖起来，还能转动呢，所以四面八方的声音，它都能听到。""松鼠的耳朵毛茸茸的，显得很大。它成天在树林里跑来窜去，用这样的大耳朵保护自己的眼睛，不让树枝刺伤。""原来蜻蜓飞过水面，尾巴点几下水，就是在产卵。""蜜蜂的尾巴是攻击敌人的武器。""袋鼠的尾巴又粗又长，长满肌肉。它既能在袋鼠休息时支撑袋鼠的身体，又能在袋鼠跳跃时帮助袋鼠跳得更快、更远。"……同时应用电子白板的遥控器鼠标键使幻灯片与视频交叉放映，灵活运用，从而让幼儿的讲述过程也能够清晰流畅。

在运用电子白板系统进行讲述活动时，还可以利用聚光灯功能随意调整图片的顺序，让讲述跟随着幼儿的发展思路来进行。同时在回答讲述后的问题时，也可以运用聚光灯功能的效果增加神秘感，提升幼儿讲述的兴趣。如对夏天的季节图片进行讲述时，幼儿说出从哪里找到夏天的，教师就可以把聚光灯拉到那里，让幼儿的讲述更加准确到位。为了便于幼儿对细节的观察，还可以利用电子白板中的放大镜功能将图片中的一个细节放大，让

幼儿发现人物表情、动作的细微变化，从而更加准确地描述此情此景。还有以往我们在出示图片时，只能直接放映幻灯片，现在应用电子白板的拉幕功能，把图片像拉幕一样缓缓拉开，进一步提升了幼儿的观察兴趣和对图片的关注力，为教师在实施讲述活动中的重点、难点打下基础。

多媒体信息技术为幼儿创设了特定的声乐境界或声像氛围，让幼儿在流畅、轻松的声像环境中自由地理解和遐想，在主动学习的状态下，吸取教学内容的精华，理解其丰富的内涵，帮助教师解决语言活动中的重、难点问题，对提升幼儿的语言理解与表达能力非常有效。

在中班歌唱活动中准确定位及
解决重、难点初探

左慧娟

歌唱是音乐教学的一种手段，也是人们表达情感的一种方式。《幼儿园教育指导纲要（试行）》指出："每个幼儿都有对新鲜事物的好奇心、敏感性和探索精神，有热爱美好事物的天性和学习艺术的潜能。艺术活动的情感性、愉悦性、形象性、想象性、活动性等特点符合幼儿的思维水平和认知特点。因此艺术活动经常成为他们表达对周围事物的认识和情感态度的方式与手段。"但是教师发现一旦到歌唱活动时，幼儿的表现就有些被动。有时会出现教师一个人唱独角戏的状况，幼儿的情感不够投入、注意力不够集中。为什么会这样呢？重新审视歌唱教学活动，造成这种困惑的因素有很多，但更多地在于教师对教材的分析、理解、准确掌握歌曲中的重、难点以及解决重、难点的教学策略还比较欠缺。

为此，教师尝试在中班歌唱教学活动中，进行准确定位和解决重、难点的实践，以提升幼儿在歌唱活动中的表现力。

一、认真分析歌曲，准确定位重、难点

任何歌曲无外乎就是围绕旋律、节奏、节拍、速度、力度而创作的。要想准确找出一首歌的重、难点，首先要明白组成歌曲要素的含义。

歌曲旋律又称曲调，它是按照一定的高低、长短和强弱关系而组成的音的线条，是塑造音乐形象最主要的手段，是歌曲的灵魂。比如歌曲《小鸟落落》，它的曲调就是舒缓的、优美的。

节奏就是各音在演奏时的长短关系和强弱关系。比如歌曲《夏天的雷雨》中经常会出现切分音。

节拍是强拍和弱拍地均匀交替。它有多种不同的组合方式，儿童歌曲中最常见的是四二拍和四三拍。

速度就是快慢的程度，为使歌曲准确地表达想要表现的思想感情，必须按照一定的速度进行演唱。比如《颠倒歌》是一首欢快风格的歌曲，在演唱时需要幼儿速度稍快来表现。

力度就是强弱的程度。音的强弱变化对歌曲形象的塑造也起着很重要的作用。比如歌曲《好孩子要诚实》中的几句"喵喵喵"，就需要强弱的对比演唱来表现小花猫的不同情感。

因此作为教师，在教学前一定要对每一首歌曲进行分析，准确地找出歌曲的重、难点，这样在进行教学时才能起到事半功倍的效果。

二、探索多种方法帮助幼儿轻松化解重、难点

在准确定位重、难点之后，就应该考虑采取什么样的措施解决重、难点，帮助幼儿化难为简，轻松掌握。

在幼儿园的歌唱活动中，教师经常会遇到这样的问题：教师唱得累了，幼儿还是没有学会。其实，一味地让幼儿记歌词，跟唱歌曲，并没有帮助幼儿去理解歌曲的意义，没有教给幼儿唱好歌曲的方法，一遍又一遍地机械式跟唱，幼儿学得枯燥乏味，教师教得辛苦无奈。为了解决这一问题，教师进行了以下几种不同方法的尝试：

1. 运用"难点前置"的方法解决重、难点。

在每次进行唱歌教学时，先让幼儿进行发声练习。在设计发声练习时，教师把所要学习的、歌曲中的难点巧妙地放到里面，这样幼儿在学唱歌曲前，先对难点有了一个初步的感知，等到学唱歌曲时就会较快地理解和掌握了。在学唱《火车开了》的时候，里面的难点是跳音，于是我就设计把发声练习中的乐句改唱成跳音，先让幼儿通过倾听，对比、感受跳音，然后进行模仿学唱，等到再学习歌曲时就比较自然地掌握了。

2. 通过有效的提问解决重、难点。

在学唱歌曲时，感受表现歌曲的性质也会成为歌曲的重、难点，而有效的提问能够激发幼儿对歌曲性质的理解。在每个活动中，教师的提问是引导幼儿进行思考、理解的重要方式，正确有效地提问能够激发幼儿真正实现学习和发展。所以每次的提问一定要有意图，或是引起幼儿兴趣、或是激发幼儿思考，它们能激发幼儿寻找答案的积极性。为了能从中获得要寻找的答案，会更好地倾听、欣赏歌曲。例如：歌曲《钟》，它要表达的歌曲性质是欢快的，通过"嘀嗒嘀嗒"的钟表声表达了小朋友喜爱时钟的情感。教师在引导幼儿学唱歌曲时提问："歌曲中的小朋友为什么喜欢时钟？我们怎样唱才能表现出小朋友高兴欢快的样子？"幼儿的回答一下子就解决了歌曲的重点。"要把歌曲唱得快一些"、"要用跳音唱出'嘀嗒嘀嗒'的声音"。瞧，有效的提问能够让幼儿很快地理解歌曲的性质，并通过演唱表达出来。

3. 借助现代信息技术解决重、难点。

随着现代科技的发展，高科技给我们带来更多享受。我园条件好，设备全，录音机、CD机、VCD播放机样样都有。因此在学习歌曲时遇到重、难点，我也会借助这些现代媒体。幼儿可以通过听、看来学习。因为现成的歌曲已经编排好曲子，又有配乐，还有专业歌手演唱，所以孩子们都很喜欢。尤其是跟着视频学习，又能听，又能看，孩子们乐此不疲。

4. 通过目标递进解决重、难点。

在幼儿学习歌曲的这个过程中，能够完整连贯地演唱歌曲也是教学的重、难点。那么，怎样来处理好既不枯燥反复学唱，又能保证幼儿有兴趣的学会歌曲呢？我想这就需要

教师在幼儿跟唱歌曲这一环节中逐级提出目标要求，让幼儿在每一遍地跟唱时，都有一定的目标可依。比如：在歌曲《小鼓响咚咚》中，第一、二遍，教师让幼儿熟悉歌词旋律与内容，初步学会歌词；第三遍，教师要求幼儿有感情的演唱，表达自己对妹妹的关爱之情，并重点练习歌曲中渐强、渐弱的演唱方法；第四、五遍，教师要求男、女幼儿分组接唱。整个跟唱过程目标层层递进，让幼儿在不枯燥的练习中逐渐学会歌曲。

在绘画活动中有效解决重、难点，
开启幼儿自主创作的能力

冀文华

幼儿园大班幼儿对画画有着强烈的兴趣，他们会用画笔勾画自己眼中的世界。绘画作品表现出主观的想法或夸张的情节，有着新颖性与独创性，所以应给予幼儿更多的创作空间，让其能够张扬个性。在幼儿园绘画教学中，教师应注重幼儿在自主创作绘画能力方面的培养，幼儿能够通过绘画这一特定的表达方式，充分表现出自己的个性与思想，这样才能够让幼儿的创新能力与创作能力得到发展。

我们都知道绘画活动是一种创造活动，教师的任务就是引导、启发、鼓励幼儿创作出有新意的作品，不墨守成规，不依赖于教师的示范与固定模式，而是通过绘画让他们的个性得以张扬。在绘画活动中，我发现信息技术这一教育手段，不仅是教师在教学中的得力助手，而且还能够帮助幼儿对物像进行更直观、更细致地观察，从而解决教学活动中的重、难点，帮助孩子在头脑中形成清晰的构图。让幼儿将感性认识转化为理性认识，能够用画笔进行表现。信息技术在教学中的合理使用，对绘画教学起到了推波助澜的作用。

《幼儿园教育指导纲要（试行）》目标中强调："能够大胆地用自己喜欢的方式进行艺术表现和创造，富有个性地表达自己的情感和体验。"在我班幼儿的绘画活动中，我把信息技术这一载体运用到教学中，受到了幼儿的欢迎，同时也解决了绘画教学中的重、难点问题，且在幼儿自主绘画能力培养上起到了至关重要的作用。

一、信息技术帮助幼儿积累绘画素材，提高自主创作能力

在幼儿绘画中，一般都会经历眼（观察）——脑（想象）——手（绘画）这三个时期，这就决定了他们绘画的作品通常与日常生活中所见到的事物密切相关。要培养幼儿在绘画活动中自主的创作能力，就要有意识地帮助幼儿在头脑中积攒大量的、具有生成性和创造性的审美表象，其中帮助幼儿积累绘画素材就是关键的一步。因此，作为教师就要利用各种途径，帮助幼儿丰富日常生活经验，扩大他们的知识面，帮助他们积累大量的审美心理意向。

1. 利用信息技术记录与再现幼儿生活——突出重点。

在幼儿绘画活动中，往往以自己的生活为主线，用绘画的形式再现他们活动中的场景。而在幼儿的活动中，他们往往是注重了活动的参与而忽略了活动中的观察，等到用画笔进行记录时，只能感知自己做了什么，但在做中的具体细节、事物动态、场景很难在脑海中有具体的显现。所以收集以往幼儿在生活中的场景，帮助幼儿回忆起自己在每一个活动中的细节，从而产生创作的欲望，就更为重要。

例如在主题活动"再见吧！幼儿园"中，我们进行了主题绘画——"快乐的幼儿园生活"。活动中的重点是帮助幼儿再现以往的幼儿园生活，启发幼儿对幼儿园各种活动的回忆。所以，我利用以往活动中积累的幼儿活动照片，制作成课件，在活动前带领幼儿一起欣赏课件，一起回忆幼儿园快乐的活动。在课件图片的启发下，幼儿又一次感受到三年来自己在幼儿园成长中的快乐，感知自己成长的过程中每一个小小的细节，联想到自己长大了就要离开幼儿园了，于是他们用自己的画笔表达出对老师的爱，对幼儿园的依依不舍之情。这时再看孩子们的画，你会发现他们的每一张画作中都表露出了小朋友之间纯真的友谊，对老师的爱与不舍，充满了对幼儿园的真挚情感。

2. 利用信息技术帮助幼儿理解动态人物绘画——解决难点。

在帮助幼儿积累绘画素材时，教师要有意识地收集可以帮助幼儿提高绘画能力的材料，引导幼儿进行细致地观察与分析，从而丰富幼儿的知识经验、开拓视野。人物画在幼儿的绘画中出现最频繁而且最多，往往幼儿画出的都是姿态统一的直立人物，而他们讲出的画面比画出的画面要丰富得多，这是因为他们对人物的动态掌握得不够准确。针对这一现象，在大班动态人物绘画中，我利用自己积累的儿童活动素材画，设计出了站、走、跑、跳、爬等系列的课件。每一个课件都配有这一动作的人物活动画，引导幼儿进行欣赏，在课件中又把每一种人物动态用线条进行组合变化，使幼儿在掌握人物动态绘画上更简便、易学，让幼儿创作出优秀的作品。

例如在"跳"这一动作中，我先请幼儿互相讨论："在你们的活动中有哪些'跳'的活动？"幼儿首先想到的是跳绳、跳高、跳房子等。在课件的引领下，幼儿欣赏画中运动员跳跃的姿态，小朋友游戏中跳跃的画面等。在动作渗入中，我利用课件的分步骤展示法让幼儿清晰地感知到跳跃的几种不同姿态，正面人物与侧面人物跳跃时的身体动态等。在幼儿自主创作"跳起来"时，孩子们会根据自己的需要，观察课件画出了"我们跳皮筋"、"快乐蹦蹦床"、"我是小小篮球运动员"、"一起来跳绳"、"跳远比赛"等。在这一创作中由于有信息技术这一载体的引领，不仅使幼儿丰富了绘画技能与跳跃的知识，有效地解决了幼儿在绘画不同跳的姿态中如何表现人物动作这一难点问题，幼儿在绘画中展现了自我创作与想象相结合的能力。

信息技术是现代化教学中一种有效而直接的教学手段，它可以帮助幼儿积累绘画素材，又能够帮助教师解决教学活动中的重、难点，使绘画活动更丰富多彩，开启幼儿自主创作的想象之路。

二、信息技术解决教学中的重、难点，引导幼儿大胆自主性创作

幼儿绘画是一种艺术表现形式，更是幼儿心理活动的表现。幼儿把图画作为一种表达的手段，用以表现自己的经验、知识、对周围环境的理解和认识，表露喜怒哀乐的情绪、情感，表达自己的欲求与他人之间的关系，表现自己的意志和对美的感受等。幼儿这一系列的活动是不能强迫的，而是他们内心真实表达的一种形式，这也是幼儿走向自主绘画创作的开始。所谓自主性创作绘画，顾名思义是以幼儿自己为主，注重幼儿本人的心理活动和意愿，尊重他们的绘画选择，鼓励其大胆创作，发挥个人的特长。幼儿绘画承载着各种各样的教育功能，幼儿美术教育的目的是为幼儿绘画教育服务，运用美术启迪幼儿的创新

能力发展，这更需要教师的铺垫、策划与循循善诱的引导。

1. 运用信息技术手段分析作品，解决绘画中的重、难点，引导幼儿进行自主性创作。

自主性创作需要有一定的经验基础，这些经验与基础来源于幼儿对事物的感知。在幼儿阶段，幼儿通过参加各种活动感知周围事物的变化，再用画笔进行记录。但是，很多文学作品都会给我们带来创作的灵感，让每个人的绘画创作欲望急速提升。利用文学作品进行自主性创作绘画，这就需要教师事先进行策划和组织。在活动中，我利用课件帮助幼儿分析、理解文学作品，从而起到传达情感、启发创作灵感的作用。

例如在诗歌绘画"春天是这样的"活动中，我先请幼儿在上幼儿园或回家的路上，仔细观察春天的景象，幼儿之间相互说一说自己对春天的印象。再把诗歌《春天是这样的》配上春天植物生长的图片，播放给幼儿欣赏。在欣赏诗歌的同时，幼儿感受到了诗歌对春天美的描写，通过课件的引领，观察到了自己没有看到的春天美景。在绘画中，幼儿根据自己对诗歌的理解画出了一幅幅美丽的春天图画。

又如：在绘画传统诗歌《小老鼠上灯台》活动中。活动目的是引导幼儿根据自己对诗歌的理解，画出老鼠在偷油吃的过程中不同的姿态与场景，这也是此次活动的重、难点。幼儿对诗歌《小老鼠上灯台》非常熟悉，所以在教师提出问题"小老鼠到灯台上偷油吃，老鼠的神态是什么样子的"时，幼儿纷纷说出了"悄悄地上去偷油、东张西望地去偷油、鬼鬼祟祟地去偷油、老鼠偷到油后很高兴但是还不能大声地嚷嚷等"。提出问题"诗歌中说：'叽里咕噜滚下来'，什么样子是叽里咕噜地滚？为什么是叽里咕噜地滚下来？"让幼儿分组讨论叽里咕噜滚的动作，并分组进行表演。每一组幼儿用肢体表现的时候，教师引导其他组的幼儿仔细观察每个人的动作，让其在观察中了解不同动作的画法，为绘画诗歌"小老鼠上灯台"埋下伏笔。

我先借用课件让幼儿充分理解诗歌，在课件的带领下分组表现诗歌绘画中的重点句式，然后让幼儿分小组合作用动作表现重点句式。这样又一次增加了幼儿对诗歌画面的想象与理解。再通过课件一步步展现老鼠和猫的动态形象，帮助幼儿解决了画面形象的难题。

整个活动过程中，幼儿在课件的引领下根据自己的想象与理解画出了不同的小老鼠上灯台的画面。这说明幼儿在学习与创作中需要直接地支持与帮助，课件在美术活动中的使用，正是解决了以往教学中观察、模仿后无具体参考依据的困惑，为幼儿开辟了新的感官视角，也为我在美术教学的探索与尝试开辟了新的途径。

信息技术的运用不仅帮助幼儿理解了诗歌，更帮助幼儿把握了绘画形象，使幼儿绘画的自主性创作能力得以展现。

2. 运用信息技术手段引导幼儿理解作品，在合作中进行自主性创作。

幼儿进入到大班，从不同方面都表现出了初步的合作能力。特点是绘画教学活动，更能很好地体现幼儿的合作能力。利用诗歌、故事这一文学作品的形式，引导幼儿集体分析、合作，进行有情节的绘画。不仅促进了幼儿绘画的兴趣，更建立了幼儿合作创作与自主创作相结合的新模式，同时促进幼儿相互间的帮助与协作能力。

例如：在学习了传统诗歌《老鼠嫁女》后，幼儿产生了创作的欲望。根据幼儿的要求，我设计了活动"合作画老鼠嫁女"。首先，我想到此次活动的目的首先是合作，还有就是引导幼儿尝试运用民族画的形式创作，把这种创作形式作为教学中的重、难点。根据活动内容，我制作了有民族特点的课件《老鼠嫁女》，在课件中幼儿欣赏到了我国民间艺术家们运用各种形式创作出来的老鼠嫁女画面，从中感受到了不同的美术表现形式，了解了不同的民间传统绘画的特点。

在启发合作绘画中，我提出："这首诗歌可以分为几个部分？"由于幼儿对诗歌非常熟悉与喜爱，他们很快分出了四部分：第一，鼠爸、鼠妈商议阶段；第二，鼠爸为女儿找新郎阶段；第三，嫁女阶段；第四，猫吃老鼠。我又问："在这四个阶段中，哪个阶段最精彩？精彩在什么地方？"这个问题请幼儿分组讨论后，再集体回答。通过讨论，每组幼儿的精彩描述，都为其他组成员提供了绘画的素材。

接下来就是启发合作绘画，我问："如果请你把这首诗歌画出来，用什么方法可以把这首诗歌画得更完整？"因为有了对诗歌讨论的铺垫，幼儿想到了同组的伙伴进行合作绘画。在教师的引导下，同一组的幼儿分工协作，共同创作合作画《老鼠嫁女》。

在之前欣赏了民间画家作品的基础上，幼儿很快解决了自己在绘画活动中的困难，每一组都成功地创作出了自己的作品。

幼儿自主创作的同时，教师进行合理地引导，有助于幼儿创作能力的提升，教师的引导、帮助让幼儿在绘画中方向更明确。在幼儿进行绘画当中，个人也会遇到这样、那样的问题，教师还应针对幼儿的个体差异进行适当的引导，逐步帮助幼儿在绘画这一领域增强自信心和获得成功感。

三、信息技术帮助幼儿解决绘画活动中的构图困难，促进幼儿自主性创作能力的提高

构图能力指绘画者在一定的空间安排和处理人物的关系和位置，把个别或局部的形象组成一个整体的能力，构图是绘画语言的重要因素之一，在儿童的绘画中有着与线条、色彩同样重要的地位。同时，构图也反映了儿童认知发展的水平和特征。

五岁以后的幼儿在绘画中开始形成主题与背景式的构图形式，这一水平幼儿的作品中可以看到"在空间关系中存在明确的秩序"，他们开始注意到了环境，并用不同的形式来表现环境。画面内容丰富，一些形成主体，一些形成背景，并开始有了简单的故事情节。

进入大班阶段的幼儿出现了散点式的构图，有一部分幼儿已经能够用遮挡的方式来表现物体之间的关系，在形象的主次关系上能够以空间关系安排形象，并形成主题和背景。在此阶段我对幼儿绘画上的指导主要通过以下几种方法进行。

1. 运用信息技术解决情节画创作中的构图问题。

大班幼儿能够把自己所画的人、动物都围绕着一个主题安排，这个阶段幼儿绘画有一定的主题性。因此，我利用课件引导幼儿把周围环境与人物等进行联系，充分发挥观察的作用，使得幼儿在创作中能够更好地发挥。例如在诗歌绘画中，我会把诗歌中的背景画面用课件的形式展现，再利用可以替换的动物形象在背景中拉大、缩小，请幼儿仔细观察背景与主体之间的关系，帮助幼儿进行创意绘画。例如：绘画故事《小猫钓鱼》时，为了启发幼儿对绘画主体形象明确刻画就利用了这一方法，促进了孩子在绘画故事中主题明确，画面合理布局能力的提高。

2. 运用信息技术引导幼儿开展连环画创作。

连环画是指由一个主题生成的系列画面。我们可以利用这一形式培养大班幼儿间的绘画合作能力，还可以让幼儿在合作中相互启发画面的构图能力。

例如在主题画"我的老师"中，为了能够让孩子很好地把握老师的形象，我利用图像播放的方式，在课件中展现每一位教过我们班幼儿教师的工作照与形象，帮助幼儿回忆老师的特征、特长，启发幼儿以小组为单位画出自己对老师的喜爱。幼儿经过讨论后，认为大家可以分工，确定自己画哪一个老师，这样所画的老师形象就不会重复。经过大家的协商，每一位幼儿都确定了自己的绘画目标与内容。幼儿再根据自己对这个老师的了解，老师教学的特色与特点，画出这个老师与小朋友互动的情景。如有个幼儿画出我班的王老师坐在钢琴旁边，熟练地弹着琴，给小朋友上音乐课，王老师长长的卷发垂在地上。这说明在小朋友的心目中，王老师不仅音乐课上得好，而且有非常美的外貌。有的幼儿画我在电子白板前利用课件给大家上美术课，孩子们围着桌子在作画。画的体育曹老师教小朋友学武术，小朋友个个昂首挺胸。画的牛老师在看着小朋友午睡，淘气的小朋友举手不睡，牛老师生气的样子等。在绘画活动中，借助课件，小朋友对每一个老师的形象、神态把握得很到位，并能做到合理布置画面，突出主要人物。

在美术活动中合理运用信息技术，不仅能够帮助教师摆脱示范、讲解的刻板授课形式，帮助教师解决预设中的重、难点，更能够起到引发幼儿兴趣，自发地学习绘画方法，掌握绘画当中的技巧，帮助幼儿开阔视野，有兴趣地自主创作。

如何在一物多玩活动中有效突破难点

毕红文

教学重点是指教学活动中举足轻重、关键性的、最基本的、最重要的中心内容，掌握了这部分内容，对于巩固旧知识和学习新知识都起着决定性作用。而教学难点则是幼儿难以理解、领会的内容，或较抽象、较复杂、较深奥的内容。《幼儿园教育指导纲要（试行）》健康领域要求中提出："以幼儿感兴趣的方式发展基本动作，提高动作的协调性、灵活性。"什么是幼儿感兴趣的方式，当然是游戏。而健康活动的本体又强调要发展基本动作，发展体能。此外，《幼儿园教育指导纲要（试行）》还十分注重幼儿的情感培养，明确提出："在体育活动中，培养幼儿坚强、勇敢、不怕困难的意志品质和主动、乐观、合作的态度。""一物多玩"的活动形式既是幼儿十分喜爱的一种体育活动形式，又能很好地实现《幼儿园教育指导纲要（试行）》中提出的相关目标，因此一物多玩的活动一直是幼儿园教育活动中一种重要的活动形式。

一物多玩活动的重点在于引导幼儿尝试活动材料的多种玩法，在活动中掌握动作要领，发展幼儿动作及身体的协调性、灵活性；在活动中敢于尝试，勇于挑战，并体验成功的喜悦。难点往往是针对不同动作的相关要领、规则以及多种玩法的创造。难点解决不好往往出现幼儿在活动中玩法单一的局限，幼儿无法体验到"多玩"的乐趣，以及因为多变的玩法带来的相应动作要领掌握不足的问题。在一物多玩的活动中，该如何突破难点呢？

一、教师指导简洁具体，面向全体

（一）讲解示范法

每次在明确讲解一物多玩动作要领及活动玩法规则时，我都要运用讲解示范法，并注意让幼儿以最佳的角度观察教师的形体动作，让幼儿参与示范，使幼儿获得最直接的经验。

（二）语言提示和具体帮助法

在幼儿练习时，教师以简单明确、具体及时和富有针对性的语言来指导和提示幼儿正确活动，并直接具体地帮助，进行有效地个别指导，做到面向全体。

二、幼儿学习积极主动，轻松开心

（一）游戏活动中幼儿学习积极主动

《幼儿园教育指导纲要（试行）》里非常明确地指出："幼儿园教育应尊重幼儿身心发展规律和学习特点，以游戏为基本活动。"游戏是激发引导幼儿参与活动的重要手段，符合幼儿身心发展特点，满足幼儿身心需要。游戏过程能激发幼儿一直以积极、轻松、愉快、自觉的心情主动参与活动。因此，在一物多玩活动中，让游戏贯穿教学过程始终。如游戏"妞妞虫"、"火车钻山洞"、"乌龟和小兔"等都让幼儿在运动中的主动性、积极性得到充分的体现。幼儿是在与材料相互作用中主动学习和发展的，因此，教师要提供适宜的一物多玩材料，激发幼儿主动探索和发现、创造的欲望。

如"好玩的报纸"活动突出了一个"趣"字，整个活动密度适度，活动练习能循序渐进地展开。教师创设一个宽松的环境让幼儿充分探究、想像，使幼儿创造出了多种玩法，如：背靠背夹报纸、踢球入洞、顶报纸走、青蛙跳荷叶等游戏，报纸的花样玩法促进了幼儿走、跑、跳、爬、钻等基本动作的发展，报纸作为一种游戏活动材料，它的功能得到了充分的发挥。

通过这些游戏，让幼儿的单脚跳、双脚跳、钻爬、投掷、抛接、平衡等能力得到了锻炼。游戏中，幼儿情绪高涨，把活动推向了高潮。在整个活动中，我针对不同能力的幼儿，采用不同的鼓励、引导方式，让所有幼儿都能情绪愉快地、积极参与活动，并通过游戏促进幼儿的自主性、创造力的发挥。

（二）自由合作让幼儿学得愉快

《幼儿园教育指导纲要（试行）》指出："在体育活动中培养幼儿主观、乐观、合作的态度。"大班幼儿与同伴交往的能力日益增强，合作的主动性、目的性也有明显变化，他们更喜欢集体活动，愿意和同伴进行合作。如跳绳的一物多玩活动中，重点是引导幼儿通过合作，用跳绳游戏，体验小组合作的快乐。主要通过以下几个环节实现：一是在活动的最初环节，幼儿在自由探索跳绳玩法时，让幼儿互相交流自己的玩法，出现自发的合作行为。教师通过有目的地观察、捕捉幼儿感兴趣的玩法，重点指导、组织幼儿将自己的经验进行分享、交流和传递，将幼儿已有的零星经验加以提升和拓展，围绕各自玩法进行集体反馈、交流感受。这既让幼儿有机会表演自己的玩法，又可以看到别的幼儿的玩法。教师根据幼儿玩法，重点针对合作游戏进行指导。教师有意识地引导幼儿改进动作，充分掌握两人共同游戏的方法，提高整体动作水平。而这次跳绳活动的难点是探索两个人的多种玩法，主要体现在活动中教师向幼儿提出不同要求，激发幼儿创造性地进行身体活动，愿意主动探索多种玩法，培养幼儿勇于挑战的精神。二是在活动的第二个环节，我分三次提出不同的要求，引导幼儿通过合作、懂得完成一个共同的目标，必须相互依赖、相互讨论、相互帮助、共同努力，既让幼儿进一步体验到合作的快乐，团结协作地完成游戏，同时发展了幼儿的合作能力。

（三）竞赛性游戏让幼儿挑战自我

动作练习到一定程度，幼儿会失去兴趣。大班幼儿已有初步的竞争意识，此时安排竞赛性游戏，符合大班幼儿的心理特点，能有效地激发幼儿兴趣和积极性，还能培养同伴间的合作性和集体荣誉感。竞赛性游戏的形式不仅可以增大活动密度和强度，还可以让幼儿有充分练习的机会，并有利于教师观察、了解幼儿的现有水平。

竞赛性游戏既保证了幼儿足够的运动量，得到科学、有效地锻炼，又使每个幼儿的体能在原有水平上得到了发展。整个活动始终让幼儿在玩中探索，玩中练习，玩中体验成功的快乐，真正体现了"玩中学、玩中乐、玩中育"的观点。在一物多玩活动中，幼儿玩得愉快、玩得尽兴、玩出花样、玩出运动量、玩出聪明才智，充分激发幼儿对活动的兴趣，调动了幼儿参与活动的主动性、积极性和创造性，促进了其智力的发展。幼儿的相互交往、相互合作的能力得到了培养，他们的创新意识与能力不断增强。

　　总之，一物多玩活动始终以幼儿的兴趣为出发点，以各种物品为载体，给予幼儿充分地探索、尝试的机会，让幼儿在玩中学、在玩中寻找答案，真正体现了幼儿的主体地位。通过一物多玩活动的开展，幼儿探索出了多种新鲜有趣的玩法。教师作为支持者、合作者、引导者，为幼儿创设了一个宽松、愉快、亲切的氛围，让幼儿大胆自主地表达，实施自己想法，身心愉悦，健康成长，体现了"以人为本"的教育理念。

对音乐活动重点与难点的理解
以及有效解决的点滴感悟

李　环

书是我们人类的朋友，在书的海洋中我们学到了知识，我们懂得了道理，我们释放了压力，我们能够总结出它主要的内容，作者想要告诉大家的事情，这就像教育、教学活动中的重点。但是，每个人都会在看书时有这样的经历，如果有一个不认识的字或是一句不太明白的短句，我们总会想尽各种方式去弄个明白，而这又像教育活动中的难点。在一个教育、教学活动中，重点和难点是活动中的精髓，教师要把握好，否则就会失去重心。我们该如何做呢？

一、科学确定活动的重点与难点

1. 结合内容、目标来确立活动的重点。

在一个活动中，教师要先清楚自己教学活动中的教材及其内在的联系，知道在这个活动中最主要的目标是什么。教学重点是教学目标中所要完成的最基本、最主要内容，而确定教学重点应该首先以教学目标为根本依据。因此，可以说，目标的制定是教学重点的基础。而目标的制定又分为技能、技巧方面和情绪、情感方面，许多老师在活动中都是非常注重知识以及技能、技巧的教授，将其设为最主要的目标，因此，活动的重点自然是知识的教授。比如：在歌唱活动中，我们的重点是幼儿能够跟随教师唱出歌曲；在语言活动中，重点是跟随教师说出儿歌；在数学活动中，则是尝试按照 ABAB 的形式，进行有规律地排序。

但是随着社会的发展，我们需要的是更多头脑灵活、情感丰富的人，这些单纯的技能、技巧的教育，填鸭式的教育方法是要被取代的。《幼儿园教育指导纲要（试行）》中明确地指出："从不同角度促进幼儿情感、态度、能力、知识、技能等方面的发展。"而且各大领域的总目标也是将情感放在了首位。情感目标为第一，知识、技能为最后，这是为什么，说明我们要重视幼儿的情感教育，在各种活动中，情绪、情感应成为最重要的目标之一，所以，活动中重点的确立也要考虑到这点。情绪、情感的重点是什么？知识、技能的重点是什么？我们要将情感目标和知识、技能目标相结合，找到两者之间的平衡点，作为这个活动的重点。

因此，在音乐游戏"狐狸与兔子"中，教师依据这个平衡点将重点设定为"能够主动参加音乐游戏，知道游戏中的简单规则"。

2. 结合幼儿的实际生活，确定活动的重点。

我们的教育、教学活动是为了促进幼儿各方面发展的，是为了幼儿日后生活、学习而设计的，如果远离了实际生活，我们的活动就会变得空洞、虚假。因此，我们的活动、活动目标以及活动的重点都应该与实际生活相结合。

前段时间，报纸上的一则消息引起了我的注意，大致的内容为：在一所幼儿园中，一名幼儿不慎从滑梯上跌下，其他幼儿急忙围过去。有的问："他受伤了，怎么办？"有的答："我们快找找大象医生吧！"就在幼儿议论纷纷时，教师发现了受伤的幼儿，及时送到了医院。看后，我想了许多，虽然幼儿园幼儿的年龄小，对童话故事很喜欢，但完全地沉浸在童话世界中，这样的教育对幼儿有多少利弊呢？所以，我认为结合实际生活确定重点也是有很大必要的，因为幼儿就生活在真实的世界中。

例1：在"狐狸与兔子"的音乐游戏中，重点之一就是知道游戏中简单的规则。其实，在任何的游戏、任何的事情中都有一定规则的在里面，遵守规则是一个人在社会中生存的基本条件，不论是大人、还是孩子都要遵守与执行，与实际生活密不可分。

例2：从杨老师那里我学到了一个培养幼儿记忆力的游戏，就是闪记。杨老师告诉我，因为我们班是小班的年龄，所以可以从幼儿感兴趣的动物开始。打开电脑，在百度搜索引擎栏里我直接打上了"卡通动物"这几个字。但，很快地，我的头脑里闪现了这样的想法：孩子们在各种图书中、各种活动中、各种媒体中看到了太多、太多的卡通形象，不过他们更感兴趣的还是和爸爸、妈妈去动物园，看真实的动物，他们会模仿老虎凶猛的吼叫、他们会模仿猴子灵巧的动作，这是为什么？这是因为这些动物是真实的，是现实生活中与他们都能看到的。想到这里，我马上改变了自己的思路，找到了真实的动物，并分为空中的、陆地的以及水里游的三部分，分阶段给孩子们欣赏。而这个活动的重点也改为"引导幼儿欣赏、认识动物，喜欢记忆游戏"。

结果出乎我的意料，平时在活动中不专心的两个男孩子紧紧地盯住图片，和教师一起说着它们的名字，听教师介绍它们的特点，并且还能一下子全部说出来，真是不得了！我想这就是真实的力量吧！

3. 分析幼儿的已有经验，确定活动的难点。

首先，我们每一个活动都是为了从不同方面发展幼儿，幼儿是我们的重点。因此，活动中难点的确立是与幼儿紧密相连的。了解和分析幼儿的已有经验是确立活动难点的方法。同是一个活动，在不同的班级它的难点很可能是不同的，因为幼儿的已有经验不同，幼儿的个体差异性不同。

其次，对作品地深入分析也很重要。比如：在歌唱活动中，歌曲中有没有幼儿没有接触过的较难节奏型；在语言活动中，故事里有没有幼儿没有接触过的词语等，这些都是活动中的难点。因此，难点设定在什么位置是教师通过了解幼儿已有经验，并在分析活动中的素材后制定出来的，教师要着重把握，不要凭空想象。在音乐游戏"狐狸与兔子"的活动中，渐弱唱的方法是幼儿从来没有尝试过的、新的唱法，这点对于幼儿来说是一个难点，所以我把这个活动的难点设定为"能够尝试在歌曲最后一句唱出渐弱，并蹲下不动"。这点对于小班幼儿是一个不小的挑战。

二、有效化解活动的难点

1. 联系实际突破难点。

难点之所以成为难点，一方面是技能、技巧的难度，另一方面则是事物之间的联系，对于小班幼儿形象具体的思维方式很难理解和掌握。因此，为了解决音乐游戏中渐弱唱以及蹲下不动这个难点，需要引导幼儿明白为什么当狐狸来时我们要这样做。我为幼儿准备了一段视频，视频中一只鸟在寻找食物，这时，一只美丽的蝴蝶发现了那只鸟，马上放平翅膀，站在一朵花的旁边一动也不动，鸟儿飞走了，蝴蝶没有被捉走。看完这段视频，孩子们都马上为那只美丽的蝴蝶拍手。当我和幼儿玩起鸟儿与蝴蝶的游戏时，幼儿都一动不动，为下次的音乐活动做了很好的铺垫。

2. 语言引导化解难点。

教师的语言会带动幼儿的情绪，将他们引入到游戏的情景中。在音乐游戏中为了解决渐弱唱的难点，我先后提出了两个问题："小兔子们，狐狸来了，我们怎么唱就不会让它抓到啊？""你要用什么声音来告诉好朋友狐狸来了？"马上，幼儿都把手放在嘴旁，弯着腰，唱到"快跑、快跑，小小兔子快快跑"，声音越来越弱。

引导语的准确、到位是决定活动中各个环节的关键，在这里也是解决难点的好方法。

3. 循序渐进掌握难点。

记得一次音乐观摩活动中，我将附点音符作为活动的难点，因为，这是幼儿第一次接触到。在活动的过程中，我一遍又一遍地引导幼儿拍出附点部分的节拍，可是幼儿就是拍不好，但是我还是一味地引导，一味地拍打。结果这个活动下来，我累得汗流浃背，幼儿却无聊地打起了哈欠，附点音符还是没有学会。活动后，一位老师的一句话让我茅塞顿开，她说："这个附点部分是幼儿刚刚接触到的新技巧，虽然你把它作为活动的难点，但是这个难点一定要在这一个活动中解决吗？"

对啊，我一定要在一个活动中解决吗？再说，每个孩子的理解能力是不同的，这就是个体差异性。有的孩子对音乐感受力较强，有的则较弱。但是我非要让他们都一样明白，这就是我的问题了。对于难点的引导，我可以在延伸活动中再进行，或是平时环节都会是一个好机会，循序渐进地引导幼儿掌握、理解难点，才是我要做的。

教育活动精选案例

健康领域

滚 大 球

(小班)

教师：项伟超

活动名称

滚大球

活动目标

1. 身体协调地滚动和推动大球前进、倒退，喜欢玩大球。
2. 尝试控制大球，滚球绕过和通过不同的障碍物，提高身体协调性。
3. 体验和同伴一起游戏的快乐，积极参加体育游戏。

活动重、难点分析

1. 活动重点：双手协调向前滚动和推动大球。
2. 活动难点：将球滚过障碍物。

重、难点解决策略预设

1. 通过多种游戏形式，帮助幼儿感受双手协调向前滚动和推动大球的技能。
2. 用好听、好记的儿歌，帮助幼儿掌握将球滚过障碍物的方法，鼓励幼儿大胆尝试。

活动准备

物质准备：大笼球、海洋球若干，彩虹伞 1 个，用垫子、海绵块、拱形桥、拱形门搭建的小路和小桥。

活动过程

一、开始部分。

教师引导幼儿听着欢快的音乐一起做《快乐热身操》。

二、基本部分：好玩的大球。

1. 我的大球滚一滚。

（1）请幼儿自由地选择一个大笼球，跟着教师边说儿歌、边尝试双手交替推着大球向前滚动，将球从操场的一端滚向另一端，看谁的大球滚得快。

（2）教师在前面双手滚动大球，请幼儿在后面滚动大球追赶教师，看谁可以追上教师。

2. 我的大球碰一碰。

引导全班幼儿推着自己的大球沿着圆圈线滚动，像小火车一样排成一个圆圈，幼儿听教师的口令转身面向圆心，一起向圆心推动大球，直到大球互相碰撞上，再双手交替轮流向后推动大球，将球滚回到圆圈线上。再重复以上动作，进行游戏。

3. 推一推、追一追。

（1）教师边说儿歌、边演示双手交替将大球推出去、追上大球的动作，请幼儿看看教师是怎么做的？大球怎么样了？

（2）请幼儿和教师一起边说儿歌、边尝试把自己的大球推出去，再快速追上大球，重复"推一推、追一追"的动作。

4. 送大球回家。

（1）请幼儿观察场地周围有什么？教师和配班教师分别带领两组幼儿，边说儿歌、边滚动大球绕过跑道上的拱形门，将大球推过小桥。

（2）鼓励幼儿尝试另一条道路，用儿歌提示幼儿推动大球滚过小桥的动作要领，协助和指导个别有困难的幼儿。

5. 小球宝宝捉迷藏。

（1）请幼儿将大球滚到终点的呼啦圈中，奖励给幼儿一个小球宝宝（海洋球），请幼儿将小球宝宝送到彩虹伞上。

（2）三位教师将彩虹伞高高举起，表示小球宝宝藏起来了，幼儿则站到彩虹伞下，将彩虹伞向上仰起，使小球宝宝散落下来，引导幼儿快速追回小球宝宝，放回到彩虹伞上，重复游戏2～3次。

三、结束部分。

请幼儿坐在彩虹伞上，让小球宝宝亲亲自己的身体，在自己的身体上跳一跳、滚一滚，放松身体和四肢，把球宝宝送回家，游戏自然结束。

附录：儿歌

滚 大 球

大球在前我在后，
双手前后推着走，
前、后、前、后，
推着大球走走走。

一物多玩——兔宝宝逛公园

（小班）

教师：王佳

活动名称

一物多玩——兔宝宝逛公园

活动目标

1. 感知榻榻米的多种玩法，体验用生活材料做运动游戏的快乐。
2. 在游戏中灵活地跑跳，注意躲闪。

活动重、难点分析

1. 活动重点：感知榻榻米的多种玩法，快乐参与游戏。
2. 活动难点：在跑动中平稳地上、下坡道。

重、难点解决策略预设

1. 角色扮演增强参与游戏的积极性。
2. 儿歌提示在坡道上行走、跑动的方法。

活动准备

物质准备：榻榻米人手1块，垫子、泡沫板、塑料坡道玩具各1组，拉2道蓝色皱纹纸当作小河，体操垫若干，狐狸头饰1个，音乐《狐狸和小兔》和《亲亲小兔子》。

活动过程

一、开始部分。

1. 介绍兔妈妈（教师）和兔宝宝（幼儿）的角色，以兔妈妈带兔宝宝去游玩的主题引导幼儿运用跑、跳的形式来到活动场地中。

2. 兔妈妈带领兔宝宝边说儿歌，边做热身运动："今天天气真正好，小兔小兔起得早。伸伸懒腰洗洗脸，揉揉眼睛捋捋毛。肚子饿得咕咕叫，快点出去拔萝卜。东瞧瞧，西看看，好吃的萝卜在这里。拔呀拔呀拔不动，拔呀拔呀拔不动。拔呀拔呀拔动了，拔出萝卜真开心！"

二、基本部分：兔宝宝逛公园。

1. 引导每个兔宝宝取一个"方向盘"（榻榻米）一起开车去公园。引导幼儿说一说

"可以怎样开车"，按照幼儿说出的方法开一开。在开车途中，引导幼儿分别做出停车、开车、倒车、拐弯的动作，并尝试在不同难度的坡道上开车，用儿歌提示幼儿平稳跑过坡道。观察幼儿过坡道的情况，鼓励幼儿尝试不同的坡道并对个别幼儿进行引导或帮助，提示幼儿小汽车不能互相碰撞。

2. 引领幼儿来到"小河"面前，请幼儿看看河里有什么？想一想怎样才能过河？请幼儿将手中的榻榻米也放入小河中变成"石头"，边说儿歌边从交错的"石头"上双脚跳过去，提示幼儿双脚并拢，从最后一块"石头"上用力跳到岸上，不要掉到小河里。

3. "终于来到公园啦！瞧，有人在玩小飞盘。我们也来玩小飞盘吧！"引导幼儿将小飞盘（榻榻米）高高地向上抛起，看看谁的飞盘飞得高？请幼儿试试飞盘还可以怎么飞？引导幼儿将飞盘向远处扔，看谁的飞盘飞得远？

4. 引导幼儿在小飞盘上稍事休息，听兔妈妈讲故事《狐狸和小兔》，提示幼儿在游戏的时候要注意看看有没有大狐狸，如果狐狸出现了一定要快快跑回家，站到"家"（榻榻米）里面，大狐狸才不会吃掉小兔子。引导小兔子和兔妈妈一起出去玩，用双脚跳的动作远离"家"，配班教师扮演大狐狸突然出现，幼儿要迅速跑回来每人找一块榻榻米站好。重复游戏。

5. 教师摇动铃鼓表示下雨了，请幼儿把榻榻米变成小雨伞顶在头上练习提着脚尖走，不要让地上的水弄湿小脚丫，走到草地（体操垫）上，将榻榻米放在垫子旁边。

三、结束部分。

请幼儿自由地躺在垫子上，晒晒身上的毛、晒晒小肚皮，捋捋毛、蹬蹬腿，听音乐《亲亲小兔子》和妈妈一起边做动作、边走回家里去，活动自然结束。

附录： 儿歌

汽车小司机	**小兔过河**
小汽车，嘀嘀嘀，	小兔小兔来过河，
我是汽车小司机。	我们来把方法记。
看清道路慢慢行，	小脚小脚并并齐，
安全驾驶我第一。	小腿小腿弯一弯，
	跳到对岸笑嘻嘻。

开心的小鸭子

（小班）

教师：毕红文

活动名称

开心的小鸭子

活动目标

1. 在游戏中掌握正面钻的技能，促进大动作的协调发展。
2. 体验运动的乐趣，培养乐观开朗的性格。
3. 体验和同伴共同活动的快乐。

活动重、难点分析

1. 活动重点：练习正面钻的技能。
2. 活动难点：在正面钻的时候，尽量低下头、弯曲身体。

重、难点解决策略预设

1. 游戏情景激发兴趣，主动参与游戏。
2. 设置障碍，幼儿尽量低头、弯腰、不碰触障碍物。

活动准备

物质准备：长约 6 米、宽约 1 米的大块长方形布。

活动过程

一、开始部分。

教师扮演鸭妈妈，幼儿模仿小鸭子一起进入场地，伴随儿歌做热身练习："一群鸭子，个子矮矮，走起路来，屁股歪歪，拍拍翅膀，太阳晒晒，伸长脖子，爱吃青菜。"

二、基本部分。

1. 鸭妈妈带领小鸭去小河捉鱼虾，路上会遇到一些情况，提示要小心啊。

2. 两位教师抖动长布，当作"浪花"。鸭妈妈提示小鸭"小河里，大风卷起了浪花，孩子们，我们一起钻过去吧"，引导幼儿目测布条飘扬及落下的状态，在布条向上飘扬的时候从"浪花"下迅速穿过，不要让"浪花"打到自己的身体。

3. 请幼儿说说自己是怎么钻过去的？怎样才能不碰到头呢？提示幼儿低头、弯腰、屈膝等动作要领。重复游戏，教师注意纠正幼儿的动作。

4. 两位教师用长条布拉成"山洞"，提示幼儿钻过"山洞"。说一说钻的时候要注意什么？引导幼儿从长条布中间正面钻过去。

5. 教师将长布折成宽窄不同的长条，放置在场地上，引导小鸭子练习用各种方法跳过小"山沟"，不要掉到"沟"里。

三、结束部分。

将长条布平放在地上，全部幼儿坐在长条布上，面朝教师，手握两边的布，左右摇晃，模仿坐在小船上，幼儿和教师一起唱歌："弯弯的月儿小小的船，小小的船儿两头尖，我在小小的船上坐，只看见闪闪的星星、蓝蓝的天。"

幼儿站在布的两侧，一手抓布，一手做游泳状，"游"回教室。

平衡台游戏——探险者

（大班）

教师：李环

活动名称

平衡台游戏——探险者

活动目标

1. 体验用多种方式保持身体平衡，提高身体的平衡能力。
2. 在游戏活动中主动与同伴合作，积极解决问题，勇于挑战自我。

活动重、难点分析

1. 活动重点：平稳地站立和通过平衡台，敢于挑战。
2. 活动难点：双人平稳地站在一个平衡台上。

重、难点解决策略预设

1. "探险"情景激发幼儿大胆尝试的愿望，难度、坡度提升给幼儿尝试的空间。
2. 幼儿间经验分享，促进相互学习、提升。

活动准备

物质准备：平衡台，音乐，袖标，大垫子，水果模型。

活动过程

一、开始部分。

1. 请幼儿简单回顾《探险者》的故事，激发幼儿扮演探险者的欲望，引导幼儿手持帆板（平衡台）排成四队，听音乐走步入场，在音乐停止时，将平衡台放在圆点处。

2. 听音乐做律动"出海"，利用平衡台分别做出活动肢体和上下平衡台、晃动平衡台等准备动作。

二、基本部分。

1. 游戏：孤岛脱险。

（1）教师吹哨，请幼儿听着哨声一手拖起自己帆板（平衡台）的一端在操场中自由走动，听到长音拖着走，听到两个短音马上放下帆板（平衡台）起立站好，让平衡台自然散落在操场上。

（2）教师引导幼儿在帆板（平衡台）中间自由穿行，并做出各种游泳动作，表示在大海中探险。配班教师扮演鲨鱼突然出现在幼儿中间，教师引导幼儿快速站到离自己最近的一个平衡台上，并晃动起来，注意保持身体的平衡。

（3）重复游戏，在幼儿自由游泳时，教师撤掉一个平衡台，引导幼儿在游戏中发现有一个幼儿没有帆板（平衡台）了，请幼儿想办法解决，引出双人站在同一个平衡台的活动。请幼儿观察这两个幼儿是怎么站在一个平衡台上的。

（4）重复游戏，撤掉一半的平衡台，引导幼儿大胆尝试双人站在一个平衡台上。请幼儿说一说两个人要怎样配合才能平稳地站在平衡台上的，鼓励幼儿相互学习。继续游戏，鼓励幼儿变换伙伴。

2. 游戏：造桥。

（1）请幼儿按照袖标的颜色自然分成四队，每队幼儿在一起讨论如何用手中的平衡台来搭建一座桥，想一想可以怎么使用平衡台，搭完后自己来走一走。教师观察幼儿搭桥的情况，根据幼儿情况予以指导，鼓励幼儿变化多种平衡台的组合方式。

（2）请幼儿分组走过自己搭建的小桥，并到其他组搭建的桥上走一走，说说有什么样的感觉？哪座桥的难度最大？为什么？感觉有困难的地方在哪里？怎么办？请走得很平稳的幼儿介绍他是怎样走的，幼儿相互学习经验。

（3）过桥取食：将食物放置在场地另一端，请幼儿任意选择一座桥，快速、平稳地通过小桥，爬过垫子，取到一个食物返回来。引导幼儿自然轮流通过小桥，注意与前一个人保持一段距离，每一次都可以选择不同的桥。

三、结束部分。

每人拿一个平衡台跟随教师一起坐在上面，做放松肢体的动作，收起平衡台回教室。

好玩的垫子
（大班）

教师：王朔

活动名称

好玩的垫子

活动目标

1. 大胆探索、发现垫子的多种玩法，喜欢利用垫子做游戏。
2. 在游戏中提高对身体的控制能力和协调性。
3. 喜欢与同伴合作、体验挑战和成功的快乐。

活动重、难点分析

1. 活动重点：大胆尝试垫子的不同玩法。
2. 活动难点：能根据垫子的距离、高度、宽度的变化调整动作，大胆尝试。

重、难点解决策略预设

1. 设置不同形式障碍，幼儿自主尝试、体验。
2. 小组讨论，提出设想，主动尝试，分享经验。

活动准备

物质准备：系有红、蓝标记的体操垫若干，废旧轮胎，运动标记图 3 张，欢快的音乐。

活动过程

一、开始部分。

1. 教师和幼儿在垫子间自由穿行，变化不同的动作行进，提示幼儿避开垫子。
2. 两人一对，跪坐在垫子上，听音乐，做《垫上热身操》。

二、基本部分：好玩的垫子。

1. 自由玩垫子。

（1）请幼儿自由尝试垫子可以怎么玩？观察幼儿的游戏活动，请幼儿观察同伴不同的玩法，相互学习、模仿。

（2）请幼儿尝试合作探索几个垫子组合起来可以怎么玩？鼓励有创意的游戏玩法，引导幼儿学习、尝试同伴的游戏方法。

2. 通过山路。

（1）请幼儿按照标记的提示将垫子折叠后，竖向摆成三排，变成三条不同难度的"山路"。
提问：我们可以怎样通过这三条山路？

（2）引导幼儿自由选择不同的"山路"进行尝试，观察幼儿通过的情况，随时调整垫子摆放的状态，增加通行的难度，鼓励幼儿大胆尝试，勇于挑战。

（3）请幼儿交流通过这三条不同"山路"的感觉有什么不同？自己是用什么方法通过的？鼓励幼儿尝试不同的"山路"进行练习，并学习同伴通过的方法。

3. 穿越迷宫。

（1）教师将两个垫子打开相向摆成迷宫状，请幼儿观察，并按此形式摆成两条迷宫。

（2）小组讨论：可以用什么动作通过迷宫？按照小组讨论的结果，尝试用不同的动作通过迷宫，并注意身体尽量不碰到垫子。

（3）观察幼儿穿越迷宫的方法，鼓励两组幼儿相互学习对方的好方法。依据幼儿穿越迷宫的熟练程度，随时调整迷宫的宽窄或方向，增加难度，鼓励幼儿挑战。

（4）出示动作标示图，请幼儿说出它们分别代表什么动作。请幼儿听教师的哨音，按标志图的提示，用相应动作依次穿越迷宫，哨音响起即变化一张卡片，提示幼儿迅速改变动作。依据幼儿游戏情况，随时调整标示卡的变化速度和内容。

三、结束部分：汉堡包游戏

请男孩每人取一个垫子，依次摆放成一排，一个挨一个趴在垫子上，将头和双臂伸出垫子外，女孩子每人取一个垫子放在男孩身上，从一端轻轻爬过去；交换角色进行游戏。

放松身体，将垫子送回，活动自然结束。

一物多玩——有趣的椅子
（大班）

教师：王朔

活动名称

一物多玩——有趣的椅子

活动目标

1. 大胆探索、发现椅子的多种游戏玩法，喜欢利用椅子做游戏。
2. 锻炼发展幼儿的平衡能力，提高动作的协调性和灵敏性。
3. 喜欢与同伴合作游戏，体验挑战和成功的快乐。

活动重、难点分析

1. 活动重点：大胆尝试椅子的不同玩法。
2. 活动难点：能根据椅子与椅子之间方向、高度、间距的变化并调整动作，大胆尝试。

重、难点解决策略预设

1. 游戏体验激发幼儿活动兴趣，在主动参与游戏过程中感受椅子的不同玩法。
2. 问题引领，幼儿小组讨论，大胆尝试。

活动准备

物质准备：音乐，事先学会椅子操，小椅子人手1把，场地布置图2张，幼儿人数一半的红、蓝标记。

活动过程

一、开始部分：椅上热身。
1. 教师和幼儿在椅子间自由穿行，变换不同的动作行进，提示幼儿避开椅子。
2. 幼儿在椅子上进行《椅子热身操》。

二、基本部分。

1. 好玩的椅子。

（1）5 人一组，每组幼儿尝试将椅子组合成一座稳定、安全且有特色的小桥。

（2）请每组幼儿尝试平稳、安全地循环走过自己所搭建的小桥。

（3）幼儿自由尝试平稳、安全地走过其他小组所搭建的小桥，并说一说哪组的小桥感觉更有意思？为什么？

2. 巧过通天河。

故事引入："我们都是唐僧的徒弟，可是师傅被鲤鱼精逮住了。现在我们要去解救师傅（唐僧），可是面前出现了一条又急又深的通天河，现在我们要用椅子搭建两座桥来过河。"

（1）请幼儿按照标记的提示将椅子自由摆成一座长桥。幼儿 15 人一组分成两组，请每组幼儿循环走过面前的长桥。

"突然，鲤鱼精使用法术，通天河河水汹涌，冲毁了部分小桥（椅子）。"

（2）教师将几把椅子进行调整，撤去或者变化组合方式增加通行的难度，"这时我们应该怎么过桥"鼓励幼儿大胆尝试，勇于挑战。

（3）请幼儿交流通过这两座"小桥"的感受有什么不同？自己是用什么方法通过的？鼓励幼儿尝试不同的"小桥"进行练习，并学习同伴通过的方法。

（4）请每组幼儿自由调整本组的小桥，使难度发生变化，幼儿自由选择适合自己的"小桥"练习。

3. 营救唐僧。

（1）结合刚才的练习，将幼儿分成两组，引导每组幼儿按照先过山洞——再过通天河的顺序布置场地。教师可在路程中增加一些例如"爬行网"之类的障碍，来提高难度。

（2）教师讲解游戏规则：每组同时出发，先过山洞，再过通天河，然后在前方拾取一个"金钥匙"标志后，跑到"唐僧"处（唐僧：图片放在椅子上）摘掉一个金锁，下个队员方可出发。最先将"唐僧"身上的金锁全部摘掉的队伍即获得胜利。

三、结束部分。

幼儿坐在椅子上，跟随教师进行放松活动。放松身体，将椅子搬回班级，活动自然结束。

翻越障碍

（大班）

教师：曹群

活动名称

翻越障碍

活动目标

1. 探索用不同方法翻越 50～100 厘米左右的障碍物，提高身体协调性。

2. 尝试用双手支撑的方法翻越较高障碍物，敢于尝试。

3. 敢于挑战，并乐于向同伴学习。

活动重、难点分析

1. 活动重点：用不同动作翻越障碍物。
2. 活动难点：双手支撑团身翻越。

重、难点解决策略预设

1. 教师动作示范、明确动作要领。
2. 幼儿经验分享，相互学习。
3. 鼓励幼儿大胆挑战，亲历体验。

活动准备

物质准备：单组、双组垫子和障碍各3组，小跳马1组，餐桌1组，体操垫若干，信封若干。

活动过程

一、开始部分。

1. 队列练习：引导幼儿左右分队走，自然分成四组。

2. 热身操：重点对颈、肩肘、腕、腰、膝、踝关节进行活动，对身体肌肉进行拉伸。

二、基本部分：翻越游戏。

1. 翻越"小坡"。

（1）出示三组单组体操垫，请幼儿说一说，可以用什么方法翻越过去？请幼儿按照自己的方法试一试。

（2）观察幼儿的翻越动作，请不同方法翻越的幼儿演示他们的翻越动作，鼓励幼儿相互学习，用同伴的方法试一试能不能翻越过去。

2. 翻越"小山"。

（1）出示三组障碍物，请幼儿观察，激励幼儿翻越它们的信心。

（2）请幼儿想一想，可以用什么动作翻越它们？试一试，是否可以翻越过去？鼓励幼儿尝试不同的"小山"，自由练习翻越。

（3）请在自然翻越中出现双手支撑动作的幼儿展示，结合教师的展示，帮助幼儿了解双手支撑的动作要领，并尝试用双手支撑的方式翻越障碍物。鼓励幼儿自由选择不同的障碍物进行练习。

3. 竞赛游戏：翻山越岭来取信。

（1）以竞赛方式引导幼儿分成四组站在起点处，介绍游戏玩法和规则。

（2）请幼儿翻越过单组体操垫、双组体操垫两组障碍后，用匍匐前进的方式爬到终点，取一封信返回起点，依次进行，直至全组人都将信取回，最先取回信的小组即为胜利者。

三、结束部分。

请幼儿站成三队，跟随教师做放松整理动作，并相互捶腿、捶腰，活动结束。

身体的力量

（大班）

教师：曹群

活动名称

身体的力量

活动目标

1. 感知肌肉的力量，了解肌肉和运动的关系。
2. 通过合作游戏，了解不让自己身体受到伤害的方法。

活动重、难点分析

1. 活动重点：感知肌肉的力量，了解保护肌肉不受伤害的方法，树立保护意识。
2. 活动难点：了解肌肉和运动的关系。

重、难点解决策略预设

1. 视频展示帮助幼儿理解。
2. 游戏体验，加深理解。

活动准备

1. 经验准备：对身体表面各部位有初步的了解。
2. 物质准备：视频课件，任务卡，大沙袋，呼啦圈，实验器械。

活动过程

一、游戏导入。

1. 提问：你们的身体有劲儿吗？哪里有劲儿？是什么让我们这么有劲儿？你们知道肌肉发力时，是什么样子吗？

2. 玩游戏（握拳、弓步、脚离地提膝直坐），做不同动作请幼儿感觉，摸摸肌肉的变化，感知肌肉放松和紧张的状态。

提问：刚才在做游戏的时候，你们的肌肉什么时候是软的，什么时候是硬的？

3. 观看视频课件，进一步理解肌肉在运动中产生力量的过程。

二、保护我们的身体。

1. 教师展示图片请幼儿观察。

提问：这个人怎么了？为什么会这样？你觉得他现在是什么感觉？

2. 请幼儿做出侧平举、提踵站立、扎马步的动作，并保持一小段时间，感知肌肉长时间紧绷后产生疲劳的感觉。

提问：刚才你做了什么动作？你哪里有酸、疼、累的感觉？累了之后，如果还继续保持肌肉的紧绷会怎样？

3. 展示软硬两种材料，将重物放到上面让幼儿观察承重后材料状态的变化，再用更重的重物压在硬质材料上，造成断裂。

提问：看完这个实验，你觉得我们应该怎样做才能使自己不受伤？

4. 展示图片：准备活动、正确搬重物的方法、按摩肌肉。

提问：请你观察图上的小朋友在干什么？我们在什么时候干这件事？为什么这个时候做？

三、挑战任务，合作完成。

1. 每组一张任务卡——连续蹲起、搬运沙袋、两人一组背人，观察图示内容，小组成员思考讨论本组的任务是什么？向其他组进行展示介绍。请小组幼儿一起讨论如何完成任务卡上的任务，并按照大家讨论的方式试一试。

2. 小组交流：请每组展示、介绍解决问题的方法，并说出为什么要这样做？和幼儿一起进行小结。

四、小结。

通过今天的游戏、看的视频和照片，你能不能说出保护自己肌肉不受伤的方法？希望小朋友们可以把这些好方法用到平时的运动中，做一个会保护自己的、健康快乐的孩子。

负 重 跑
（大班）

教师：曹群

活动名称

负重跑

活动目标

1. 感知负重跑的跑步形式，培养幼儿克服困难、挑战自我的勇敢精神。
2. 在活动中培养幼儿合作的能力。

活动重、难点分析

1. 活动重点：感知直线快速跑与负重跑的区别。
2. 活动难点：解决负重跑过程中克服重物带来阻碍的问题，用正确的姿势和发力技巧进行挑战。

重、难点解决策略预设

示范与挑战体验，感受身体姿态与发力的配合解决难点。

活动准备

物质准备：起跑线，终点线，红色水彩笔，沙子可乐瓶 6 套，哑铃箱子 6 套，轮胎 6 套，投掷物若干，小红花若干。

活动过程

一、开始部分。

热身活动：教师带领幼儿活动手腕、脚踝、膝盖、髋关节，全体幼儿排成一队站好，听任务。

二、基本部分。

1. 复习不负重情况下直线快跑。

幼儿分 3 纵队，在起跑线处准备，以横排为单位进行竞赛。听到哨声后，快速起跑，冲过终点，到对面指定位置站队，每组最先到达终点者获得一个小红花。全部赛完后，以获得红花数最多的队为获胜队。

2. 感知负重跑的跑步形式。

（1）出示 3 种不同材料沙子可乐瓶、哑铃箱子、轮胎，请幼儿自由选择材料，将绳子一端拴在材料上，另一端从肩膀拉到胸前，进行跑步练习。在练习过程中，请幼儿思考一个问题："拉着这些东西跑和平时自己跑有什么不同？身体的姿势和腿、脚有什么变化？"

（2）交流发现，帮助幼儿感知负重跑要身体前倾、脚用力蹬地的动作要领。

（3）教师请 3 个幼儿各背负一种重物做示范，请其他幼儿观察。

提问：谁的身体更倾斜，脚更用力蹬地，为什么？了解重物越重身体越倾斜，脚越用力。

3. 变换材料及玩法，练习负重跑。

（1）请每队前 4 名队员到对面终点线位置与本队剩余队员相对站好，以横排为单位，一号队员开始负重箱子向对面跑，将重物拉过线的同时，对面的队友已经做好准备开始负重轮胎跑，交替进行。比一比，哪一队最先完成每人两种重物的负重跑。

（2）负重跑竞赛：负重哑铃箱子对向跑竞赛，玩法与练习时方法相同，比一比哪队最快完成。

（3）小投手游戏：每队派出 4 名队员在场地两侧当小投手，剩余的队员像刚才比赛时一样相对站好。游戏开始，请小投手手拿投掷物准备，场地中相对站好的队员们像比赛时的玩法一样负重箱子跑。要求快速跑，不要被人将投掷物投入箱子里。投掷的幼儿要努力将投掷物投进箱子，直到四轮箱子逃跑完毕，清点每队箱子里的投掷物数量，最少的队获胜。之后，角色交换，收集投掷物准备第二轮游戏。

三、结束部分。

吹哨集合，放松整理，分组收器材，结束回班。

2 社会领域

我不跟你走

(小班)

教师：冯薇

活动名称

我不跟你走

活动目标

1. 在场景中不跟陌生人走、不吃陌生人的东西，渗透初步的自我保护意识。
2. 在诱惑下尝试用语言、动作表达，拒绝陌生人的食物和不跟陌生人走。

活动重、难点分析

1. 活动重点：游戏中知道不跟陌生人走，并尝试用语言、动作表达拒绝陌生人。
2. 活动难点：在游戏场景中面对诱惑，能主动拒绝。

重、难点解决策略预设

1. 创设场景感知、体验。
2. 视频形象帮助幼儿理解。

活动准备

1. 经验准备：会玩"请你猜猜我是谁"的游戏。
2. 物质准备：PPT《等妈妈》，歌曲视频《不跟陌生人走》。

活动过程

一、游戏导入：请你猜猜我是谁。

1. 全体幼儿蒙眼，教师请一名幼儿在大家面前说："请你猜猜我是谁？"请其他幼儿猜猜他是谁？说一说你怎么知道是他？引导幼儿感知熟悉的伙伴。

2. 再次玩游戏，引导幼儿感知熟悉的老师。

二、模拟场景，陌生人来了。

1. 第三次玩游戏，幼儿蒙眼时，教师走出活动室，请孩子不认识的人提问："猜猜猜，说说我是谁？"

2. 陌生人引诱幼儿与他离开活动室。

3. 教师回到活动室，提问："这是谁啊？你们认识她吗？她对你们说了什么？"

4. 提问："遇到不认识的人我们能跟她走吗？为什么不能跟她走？跟她走了会怎么样？遇到不认识的人要带我们走，我们应该跟他说什么？"引导幼儿学说："我不认识你，不能跟你走。"

5. 教师再次离开活动室，另一个陌生人出现，拿着棒棒糖引诱孩子们离开活动室，并给孩子分发棒棒糖。

6. 教师出现提问："你们手里拿的是什么？是谁给你们的？你们认识他吗？不认识的人给我们好吃的，我们能吃吗？如果吃了可能会怎么样呀？我们可以怎么跟他说？说什么呀？"引导幼儿学说："谢谢你，我不吃。"

三、听故事，主动拒绝陌生人。

1. 出示 PPT，提问："你们看谁来了？"

2. 欣赏故事《等妈妈》，当陌生人要带小兔子出去玩时，教师引导幼儿帮助小兔子说："我不认识你，我不能跟你走。"

3. 继续欣赏故事，当陌生人要给小兔子好吃的时候，教师引导幼儿帮助小兔子说："谢谢你，我不认识你，不能吃你的好吃的。"

4. 继续欣赏故事，当陌生人要给小兔子玩具并带小兔子走时，教师引导幼儿帮助小兔子说："谢谢你，我不认识你，我不能跟你走。"

四、律动歌曲《不跟陌生人走》。

引导幼儿听音乐，跟教师一起边唱歌曲、边律动。

闪 闪 鱼

(小班)

教师：王佳

活动名称

闪闪鱼

活动目标

1. 感知闪闪鱼把鳞片分给大家的过程，了解分享的意义。
2. 愿意与小伙伴分享自己的物品、食品，在分享活动中感受快乐。

活动重、难点分析

1. 活动重点：感知闪闪鱼把鳞片分给大家的过程，初步感知分享的意义。
2. 活动难点：愿意与小伙伴分享自己的物品、食品，可以感受到与人分享后的愉悦感。

重、难点解决策略预设

1. 通过游戏"小鱼游"及 PPT 故事分享，创设情景感知故事的主人公及内容。
2. 在边看故事、边提问环节，帮助幼儿进一步理解绘本内容，感知闪闪鱼把鳞片分给大家的过程。
3. 通过情景表演，让幼儿在与教师、同伴的游戏中感知分享"鳞片"的快乐，萌生分享的意愿。
4. 真实地分享活动将生活与绘本故事联系在一起，让幼儿在感知体验中萌生愿意与小伙伴分享自己的物品、食品，感受到与人分享后的愉悦感。

活动准备

物质准备：PPT，彩虹鱼衣服，彩色鳞片，小鱼头饰，小朋友带来的、好吃的食物。

活动过程

一、情景导入。

教师播放音乐，营造氛围。

1. 提问：听听，这像是什么声音？（海浪的声音）

大海中都有谁？（幼儿自由回答）

2. 幼儿戴头饰，模仿小鱼游的动作。教师穿上闪闪鱼的衣服，变成闪闪鱼，和小朋友一起做小鱼游的动作。

二、故事《我是闪闪鱼》。

1. 观看 PPT。

（1）出示 PPT1，教师讲述。

闪闪鱼很漂亮，浑身会发光，小鱼们都愿意和它做朋友。有一天，有一条小黄鱼对闪闪鱼说："我想和你做朋友，你能送我一片闪闪发光的鳞片吗？"闪闪鱼说："不行，不行。"小蓝鱼游过来对闪闪鱼说："我想和你做朋友，你能送我一片闪闪发光的鳞片吗？"闪闪鱼说："不行，不行。"

（2）出示 PPT2，教师讲述。

教师讲述：小鱼们都想和闪闪鱼做朋友，跟它要鳞片，但是它都没有给，小鱼们都游走了。

提问：为什么小鱼们都离开了它？

（3）出示 PPT3，教师讲述绘本。

闪闪鱼在大海里游啊游，想找个好朋友一起玩，可是一个也没找到。它就去问大章鱼："章鱼阿姨，我怎样做才能让小鱼们和我一起玩呢？"章鱼阿姨说："你试试把你闪闪发光的鳞片分给它们，小鱼们就会回来和你一起玩了。"

提问：章鱼阿姨给闪闪鱼想了一个什么办法呢？（闪闪鱼的朋友会回来吗？引出下一页 PPT）

（4）出示 PPT4，教师讲述。

闪闪鱼把自己身上闪闪发光的鳞片分给了小鱼们，它们成了好朋友，高兴地游来游去。

提问：这一次小鱼们为什么都愿意和闪闪鱼做朋友了呢？闪闪鱼高兴吗？

小结：闪闪鱼把自己的鳞片分给了大家，大家都愿意和它做朋友，小鱼很高兴。

2. 情景表演。

依据故事创设游戏情境，并提示幼儿如果想要闪闪发光的鳞片，就请你对我说："我想和你做朋友。"

三、分享活动。

1. 提问：今天小朋友带来了很多好吃的食品，你愿意把你的好吃的分给大家吗？

2. 体验：一起分享，体验快乐。

我叫轻轻

（小班）

教师：王佳

活动名称

我叫轻轻

活动目标

1. 在游戏中感知轻轻走路、轻轻说话、轻轻放物品的礼貌行为。
2. 养成幼儿良好的行为习惯。

活动重、难点分析

1. 活动重点：在故事、游戏中感知轻轻的意思。
2. 活动难点：在生活中运用礼貌行为表示对轻轻的理解。

重、难点解决策略预设

1. 模仿游戏感知轻轻的意义。
2. 学说短句，用语言指导行为。
3. 游戏活动，运用肢体动作、语言感知体验轻轻的含义。

活动准备

物质准备：PPT，玩具若干，老鼠玩具。

活动过程

一、感知轻轻的意思。

1. 课件展示。

（1）观看 PPT1（小猫轻轻地捉老鼠）。

提问：谁来了？小猫在做什么？

它说了什么？请幼儿学说短句"我要轻轻的"。

为什么小猫要轻轻地去捉老鼠呢？

（2）观看 PPT2（小兔轻轻地说话和小朋友友好游戏）。

提问：谁来了？小兔在做什么？

它说了什么？请幼儿学说短句"我会轻轻的"。

为什么小兔要轻轻地说话呢？

（3）观看 PPT3（小朋友轻轻地拿东西，妈妈夸我有礼貌）。

提问：谁来了？小朋友在做什么？

他说了什么？请幼儿学说短句"我会轻轻的"。

为什么小朋友要轻轻地拿东西呢？

2. 交流。

提问：什么是轻轻的？幼儿自由表达。

你们会轻轻地做事、说话吗？那我们试试做个小游戏，看看谁会轻轻的？

二、游戏：感知轻轻。

游戏1：轻轻拿东西。

玩法：请幼儿帮教师把房间这边的玩具轻轻地移到房间的另一边，并放在桌上。

游戏2：轻轻说。

玩法：教师发出口令后，请幼儿轻轻地走到教师身边，小声地对教师们说一句"甜甜话"——"老师您好！"

猫捉老鼠的游戏玩法：

玩法1：出示带线老鼠玩具，教师拉着带线老鼠，在前面走，请小朋友扮演小猫轻轻跟在教师拉的老鼠后面走，不能让教师发现并捉到老鼠。

玩法 2：给小朋友的脚上戴上铃铛，请小朋友扮演小猫四处走，当老鼠出现的时候轻轻跟在老鼠的后面，自己脚上的铃铛尽量不发出声响，最后捉住老鼠。

会说话的……

（中班）

教师：张颖

活动名称

会说话的……

活动目标

1. 通过观察、发现马路上的各种标志或指示灯，了解并感知它们所代表的意义。
2. 在游戏中体验标志与指示灯传递的信息，不断提升安全意识及日常生活的应变能力。

活动重、难点分析

1. 活动重点：发现马路上的各种标志或指示灯，了解它们所代表的意义。
2. 活动难点：合作式角色扮演模拟生活情景，理解标识的意义。

重、难点解决策略预设

1. 通过实景录像、回忆生活经验，引发幼儿对马路上标识的关注。
2. 通过游戏"猜一猜、传一传"，感知身边的标识牌或指示灯，了解它们代表的不同意义。
3. 在情节表演"马路上的故事"中模拟生活场景，自选道具扮演不同角色，加深对标识牌或指示灯意义的理解。

活动准备

1. 经验准备：带领幼儿到马路上观察，为开展活动做好准备。
2. 物质准备：录像《小鹏鹏上幼儿园》、录像《我会说话》，小鹏鹏过马路的图片（与录像中内容相符），行为表现卡、笑脸贴、哭脸贴，提供幼儿表演的辅助材料及图片、牌子等。

活动过程

一、看录像《小鹏鹏上幼儿园》。

小鹏鹏在上幼儿园的路上，他会遇到车辆穿梭、不同的弯道和有立交桥的路况，但是他却顺利地通过并到达了幼儿园。

提问：

1. 小鹏鹏在上幼儿园的路上遇到了哪些困难？

2. 他顺利地到达幼儿园了吗？是谁帮助了他？请幼儿在观察后猜想并表达自己的想法。

3. 看图片想问题：

教师出示图片1：小鹏鹏站在马路边，看到来往的车辆时是谁帮助他顺利地通过马路？（红绿灯、人行横道线指示灯等）

教师出示图片2：当小鹏鹏不记得幼儿园在哪里的时候，他看到了什么？（指路牌等）

教师出示图片3：哎呀，前方道路正在抢修中，是谁告诉了小鹏鹏这里很危险，要绕道行走？（警示灯、警告牌等）

4. 说一说，自己平时怎么上幼儿园的？会遇到哪些困难或危险？

二、观察与发现："会说话的……"

教师：当我们走在马路上的时候还会碰见许多事物，它们通过不同的方式在对我们说悄悄话（图画、眨眼睛、小箭头等）告诉我们一些事情，提示我们注意前方和身边的危险，但是我们有的时候没有注意到，现在请你看录像找一找马路上哪些事物会对我们说悄悄话？它们是怎样对我们说悄悄话的？

1. 出示录像《我会说话》，请幼儿仔细观察，依据以往生活经验或录像的内容发现马路上传达不同信息的标志和指示灯。

2. 提问：

（1）你看到了什么？它们能告诉我什么呢？

（2）请你按照标志和指示灯等内容，将看到的事物进行分类。

3. 游戏：猜一猜、传一传。以组为单位，请幼儿看图片猜出标识牌、图片或指示灯表达的意义，哪组猜对多哪组为胜。

（1）猜一猜它在说什么？

（2）当我们碰到这个图案、提示牌或指示灯时我们应该怎么做？

4. 游戏：这样做对吗？

教师分别出示不同标志或提示牌下幼儿的不同行为表现，幼儿人手一张行为表现卡，看一看、说一说图片上的小朋友在哪里？他在做什么？说一说在这个时候小朋友这样做对吗？为什么？应该怎么做才安全？给对的行为贴上笑脸，不对的行为贴上哭脸。

5. 请幼儿按照教师提供的图片、标识牌、提示牌进行情节表演"马路上的故事"。

（1）幼儿分组，以组为单位。

（2）幼儿自选教师提供的图片或辅助材料。

（3）设计与图片或辅助材料相符的情节，幼儿在协商与合作中分配角色，进行情境表演。

6. 师生一起欣赏和创编安全小儿歌。

（1）欣赏儿歌：

人走车行如穿梭，行人走路困难多，先看标志和指示，看清之后慢慢走，不乱闯、不猛跑，安全行走最重要，交通规则要遵守，小朋友们要记牢。

（2）创编儿歌，并将自己与同伴创编的儿歌放在活动区中，配上小图画进行诵读。

三、活动结束。

奇特的盲道

(中班)

教师：张颖

活动名称

奇特的盲道

活动目标

1. 知道盲道是引导盲人安全行路的，发现不同盲道砖的种类、作用。
2. 通过活动建立幼儿扶助残疾人的意识。

活动重、难点分析

1. 活动重点：感知生活中的盲道，了解盲道的作用。
2. 活动难点：发现不同盲道砖的种类，建立幼儿助残意识。

重、难点解决策略预设

1. 以录像引发幼儿对身边盲道的关注。
2. 以问题引导幼儿对盲道的奇特性进行探究。
3. 以片段式近景录像及猜想活动，帮助幼儿发现盲道奇特的秘密。
4. 图片式行为判断游戏，帮助幼儿回忆和反思日常生活中不正确的行为，在学说儿歌中树立幼儿扶助残疾人的意识。

活动准备

1. 经验准备：活动前带幼儿到马路上参观盲道，看一看盲道的砖与普通的地砖有什么区别？让幼儿在盲道上走一走。说说有什么感觉？为什么在马路上要设计这样的路？它有什么用途？让幼儿找一找，有几种花纹的盲道砖？
2. 物质准备：录像带（内容涉及盲人过马路的情景），盲道照片，笑脸与哭脸各1个，表演提示图片等。

活动过程

一、请幼儿观看录像，随着录像地播放，提出问题。

你看到谁了？这个老爷爷是个什么样的人？（盲人）

他在什么样的道路上行走？

老爷爷现在在做什么？（过马路、下坡、拐弯）

二、提出疑问，引发幼儿探究。

为什么老爷爷看不见却知道哪里是路口？在哪里拐弯？在哪里下坡呢？请幼儿交流自己的想法，并保留他们的意见。

三、感知盲道砖的不同作用。

镜头回放老爷爷过路口前、转弯前、下坡前，拉近镜头请幼儿观察老爷爷过路口前、转弯前、下坡前脚下的盲道有什么变化？感知过路口、转弯、下坡前盲道都是圆点的，而之前老爷爷走过的盲道都是条纹的。

讨论：你们猜一猜条纹砖告诉盲人什么？圆点砖又告诉盲人什么呢？

四、行为判断活动。

教师引导幼儿观看图片，讨论图片上的做法对不对？为什么？如果不对应该怎么办？请幼儿在讨论后将笑脸娃娃贴到正确的图片上，将哭脸娃娃贴到不正确的图片上，并进行小组交流。

图片一：几个小朋友在盲道上游戏；

图片二：盲道上有人随意停放自行车、摆放纸箱等物体；

图片三：有人在破坏盲道上的地砖；

图片四：一位阿姨搀着盲人在盲道上行走。

五、活动结束。

欣赏儿歌：

人走车行如穿梭，盲人行路困难多。

建条盲道无障碍，盲人方便心里乐。

大家都来帮扶残，助人为乐好品质。

六、活动延伸。

1. 请幼儿进行讨论：当我们在马路上看见需要帮助的盲人时应该怎么做？请幼儿说一说自己的好方法。

2. 在表演区投放一些有情景的图片，请幼儿任选一组图片进行表演活动。想一想，如果遇到这些情况怎么办？并把自己的做法表演出来，如：

一位盲人老奶奶正要过马路。

一些小弟弟、小妹妹在盲道上玩耍。

怎 么 办

（中班）

教师：张颖

活动名称

怎么办

活动目标

1. 初步了解运动后、出汗时怎样做才能避免感冒的一些方法，提升幼儿自我保护意识。
2. 能根据图片判断一些自我保护行为是否适宜，大胆用语言表达自己的看法。

活动重、难点分析

1. 活动重点：了解感冒的原因，提升自我保护意识。
2. 活动难点：判断生活中自我保护行为的适宜性，学会避免感冒的一些简单方法。

重、难点解决策略预设

1. 在欣赏故事中了解故事发生的季节及当天的天气情况，为了解感冒的原因打基础。

2. 根据故事内容提问与交流，引导幼儿发现小明是因为出汗后马上脱掉了外衣，被冷风吹到才感冒的。

3. 图片判断环节引导幼儿观察、思考生活中一些自我保护行为的适宜性，讨论、了解避免感冒的一些简单方法。

4. 以根据图片内容创编自我保护儿歌的形式帮助幼儿梳理、提升自我保护意识。

活动准备

物质准备：幼儿操作卡片若干，故事图片《小明感冒了》，笑脸、哭脸卡片等。

活动过程

一、引出话题。

"天气越来越冷了，喜欢运动的小明却感冒了。请小朋友听一个故事，想一想，小明为什么会感冒？"

二、出示图片讲故事——《小明感冒了》。

教师交代一下故事发生的季节及当天的天气情况后讲故事，幼儿边看图片、边欣赏故事。

三、交流。

问题引发幼儿回忆与思考：

1. 小明到公园玩的时候，天气怎样？
2. 小明是怎样玩的？
3. 玩了一会儿，小明感觉身体怎么样了？
4. 出汗后，小明做了什么？
5. 后来小明感冒了，你知道为什么吗？

帮助幼儿梳理、提升感冒的原因，思考解决的方法：

提问：运动时出汗了怎么做才能不感冒？（帮助幼儿总结、提升）

四、根据图片判断自我保护行为的适宜性。

1. 请幼儿自选一张图片，观察画面，在教师的引导下说一说，画面中的小朋友在做什么？这样做对他的身体有没有好处？为什么？应该怎样做？

2. 将笑脸和哭脸的卡片贴在展示板上，请幼儿将自己认为好的行为图片放在笑脸卡片下方，将不正确的行为放在哭脸卡片下方。

3. 引导幼儿分别观察笑脸与哭脸下的图片，鼓励幼儿大胆表达自己的看法。

五、和幼儿一起尝试，根据图片内容创编简短的自我保护儿歌。

六、活动结束。

方便的投币机

（大班）

教师：张颖

活动名称

方便的投币机

活动目标

1. 认识投币机，感知它给人们带来的便捷。
2. 观察、发现生活中给人们带来方便和快捷的各类投币机，大胆讲述自己的发现。
3. 萌生对科学工作者的敬佩之情，以及初步创造自己感兴趣的投币机的欲望。

活动重、难点分析

1. 活动重点：感知投币机带给人们的便捷，激发幼儿对科学工作者的敬佩之情以及对各类可投币物品探索的兴趣。

2. 活动难点：与生活紧密联系，能够发现更多的投币产品，并了解它们与人们生活的关系。

重、难点解决策略预设

1. 采用了 flash 动画抓住幼儿的眼球，吸引幼儿对这个陌生的科技产品关注。

2. 录像资料真实再现投币机使用过程，帮助幼儿认识投币机，了解它的使用方法以及它给人们带来的便捷。

3. 课件"生活中的投币产品"拓展幼儿的经验，让幼儿直观地观察、发现生活中其他种类的投币机以及人们的使用情况。

4. 小画笔满足幼儿创作的欲望，让幼儿展开想象的翅膀大胆设计未来、先进的投币产品，方便更多的人。

活动准备

1. 经验准备：请幼儿在家长的带领下，在生活中寻找身边的投币产品，并拍成照片，为本次活动搜集生活资料。

2. 物质准备：flash 故事课件《咕噜咕噜》，人们使用投币机的录像资料，PPT《生活中的投币机》，画笔、展板等。

活动过程

一、导入环节：利用 flash 故事《咕噜咕噜》吸引幼儿。

1. 今天，我要给小朋友讲一个故事，故事的名字叫《咕噜咕噜》，请你们听一听故事里发生了一件什么奇怪的事情？

2. 欣赏故事：flash《咕噜咕噜》。

老鼠奇奇在路上捡到了一袋闪闪发光的金币。它想：我要用这袋金币做什么呢？突然，它看到路边站着一个大怪物，它害怕极了，赶快躲到牌子后面。这时一个小女孩走来把一枚金币投进大怪物的嘴里，大怪物"咕噜咕噜"地吼叫着，从嘴里吐出了一块奶酪。小老鼠想：我也要用金币换奶酪吃！于是，小老鼠窜到大怪物的身上，把一枚金币投进了它的嘴里，大怪物"咕噜咕噜"吼叫了几声也从嘴里吐出了一块奶酪。小老鼠高兴极了！它兴奋地把手中的金币全都投进了大怪物的嘴里，"咕噜咕噜、咕噜咕噜"不一会儿，大怪物吐出了小老鼠最想要的奶酪、蛋糕、牛奶、汽水、冰激凌。小老鼠恍然大悟："原来，大怪物是我的好朋友呀！"

3. 请你们告诉我这个能够发出"咕噜咕噜"声音的东西是什么呢？你们知道它的名字叫什么吗？（自动售货投币机）

二、利用录像帮助幼儿回忆经验。

1. 前几天小朋友们去了一个地方，在那里我们发现了投币机，你们还记得吗？

2. 请幼儿观看录像"寻找投币机"，边看录像，教师边提出问题，帮助幼儿回忆当时的经历：

（1）我们来到了什么地方？这个地方有投币机吗？

（2）它是用来做什么的？

（3）它有一个好听的名字叫什么？（自动售票机）

（4）你们知道怎样使用它吗？还记得那位叔叔说了些什么吗？

（5）最后我们买到票了吗？

三、观看幻灯片《生活中的投币机》。

引发全体幼儿关注生活中各种各样的投币机产品，拓展幼儿有关投币机的经验。

1. 教师："其实在我们的生活中有很多的投币机，小朋友和自己的爸爸、妈妈也找到了很多的投币机，有些是你们见过的，还有些是你们曾经使用过的，现在我们来看一看。"

2. 观看幻灯片："生活中的投币机"。

教师出示其中的一种投币机："这是谁找到的？它的名字叫什么？"请幼儿依据自己的

生活经验以及图片内容对这种投币机的使用进行表述。

"你们觉得生活中有这些投币机好吗？它们会给人们带来怎样的方便？"

教师小结：刚才我们看到的这些投币机是工程师和工人们设计的，他们在生活中不方便的地方设计了方便的机器，提供人们使用。人们在使用这些机器的过程中，感到这些投币产品非常方便。

四、在交流与设想中，创造新型投币机。

1. 在生活中你有没有看到哪些地方不方便？你想为他们或在这些地方设计哪些方便的投币机呢？

2. 幼儿分组商量与交流自己的想法。

3. 分享自己的想法和设计思路。

4. 请小朋友用绘画的方式把我们的想法告诉更多的小朋友，请他们也来帮我们出出主意。

5. 制作"小小发明家"展板，展示幼儿设计图，供大家欣赏和讨论。

五、教师小结。

今天我们是小画家，明天我们也许是设计师，也许是工程师，在这里老师希望小朋友设计的投币机，能够在你们长大以后，通过自己的努力或者他人的帮助实现！让我们的生活中有更多我们自己设计的、方便的投币机，让我们的生活更加便捷。

六、活动结束。

七、活动延伸。

1. 继续在生活中发现各种各样的投币机，通过收集与观察、对比，用统计表的形式统计出全班小朋友发现投币机的种类和数目。

2. 教师引导幼儿在美工区依据自己的设计图纸，利用各种各样的废旧物品（纸盒、纸卷、报纸、矿泉水瓶等）制作各种投币机产品。

3. 将制作后的投币机产品投放在班级中的角色区中，与其他玩具材料一起使用。

4. "新产品广告"。利用出海报的形式宣传自己的发明或发明设想，请其他幼儿出主意，为设计更加有用的投币机做准备。

你很快就会长高

（大班）

教师：王朔

🔵 活动名称

你很快就会长高

🏆 活动目标

1. 理解故事内容，感知阿力不快乐地原因，大胆表达自己的想法和见解。

2. 感受故事中阿力心情的前后变化，学会如何让自己的心情快乐。

活动重、难点分析

1. 活动重点：感知阿力不快乐的原因，了解故事中阿力心情的前后变化过程。
2. 活动难点：了解阿力心情的变化过程，理解故事中让自己心情快乐的秘诀。

重、难点解决策略预设

1. 观察表情，迁移幼儿生活经验，了解同伴间不快乐的事情及其原因。
2. 以提问的方式帮助幼儿了解阿力心情的变化过程，以及不同人想出的办法。
3. 以图片形式比较阿力缓解心情的方法及对应的结果，帮助幼儿判断阿力的行为是否适宜。
4. 情景表演强化幼儿用正确的行为、心态让自己的心情快乐起来。

活动准备

物质准备：故事 PPT《你很快就会长高》，音乐，情景表演图。

活动过程

一、角色导入。

介绍新朋友——阿力，引导幼儿观察阿力的表情。

提问：

1. "阿力快乐吗？你从哪里看出他不快乐？"引导幼儿试着用不同的词汇来形容（难受、伤心、不高兴等）。
2. "阿力为什么会不高兴呢？"先请幼儿说说自己的想法，然后通过录音了解阿力真正不高兴的原因。

二、故事情节展开。

1. 阿力渴望快快长高。

提问：

（1）小朋友想不想长高呢？你为什么那么渴望长高？你想长得像什么一样高？

（2）怎样才能让自己的身体长高呢？你有什么经验或者是办法？

2. 阿力的办法。

播放 PPT，欣赏故事。

提问：听一听，阿力是通过哪些方法让自己快快长高的？你觉得他的办法怎么样？好在哪里？不好在哪里？最终他的愿望达成了吗？为什么？

3. 叔叔的办法。

提问：叔叔告诉阿力哪些让自己心情高兴的秘诀？阿力做到了吗？

4. 看图观察阿力的变化。

（1）提问：请你说说阿力有了哪些变化？

（2）梳理让自己心情快乐的方法，点播故事结局。

三、交流与分享。

1. 提问。

你有没有烦恼、不高兴的事情？你是怎么让自己的心情好一些的？

2. 情景表演："我会这样做"。

幼儿每 5 人分为一组，每组幼儿选择某一情景通过合作、协商完成情景表演。

四、小结。

每天除了要按时补充营养和锻炼身体，拥有一个快乐的心情也很重要。

当别人难过的时候

（大班）

教师：冯薇

活动名称

当别人难过的时候

活动目标

1. 学习在别人难过的时候帮助他人的方法，给他人带来快乐。
2. 在不同情境下学习采用适宜的方法帮助他人，让他人快乐。
3. 感受帮助他人时获得的快乐。

活动重、难点分析

1. 活动重点：当别人难过的时候，我们可以尝试用各种方法让他们快乐起来。
2. 活动难点：了解他人难过的原因，尝试用更适合的方法帮助别人，让别人快乐。

重、难点解决策略预设

1. 运用 PPT 帮助幼儿感知别人难过时的表现和心情，引导幼儿尝试用多种方法帮助别人。
2. 视频形象帮助幼儿理解，引导幼儿用适合的方法帮助别人。

活动准备

1. 经验准备：有过难过的经历。
2. 物质准备：PPT 课件《难过的时候》，视频录像《曹老师受伤》，情境图片，方法图片。

❤ 活动过程

一、用什么方法帮助难过的人。

1. 教师播放 PPT，引导幼儿观察。

提问：图片中的小朋友们都在干什么？这个小朋友怎么了？

你从哪儿看出来他很难过呢？

是什么事让他难过呢？

2. 如果他是你最好的朋友，你不希望他难过，你想用什么方法，他，让他快乐起来？

二、用什么方法帮助难过的人更合适。

1. 出示情境（生病、玩具坏了、摔倒、想妈妈）PPT，请幼儿观察。

提问：请你们看看他们怎么了？他们的心情都是怎样的？

你要用什么方法让他们变得快乐起来？

2. 出示帮助他人的方法图片。

提问：请小朋友看一看图上都有哪些帮助别人的方法？一起说一说这些方法适合帮助谁？然后分一分。

3. 幼儿分组讨论，并按照讨论的结果，将图片与人物进行对应。

4. 分享交流：请各组轮流说一说，帮助不同的人分别选择了哪些方法？为什么？

三、让曹老师快乐起来。

1. 出示曹老师视频定格，请小朋友看看，这是谁？这两天有没有见到曹老师？猜猜曹老师为什么没有来上班呢？

2. 播放视频，了解曹老师没有来上课的原因。

提问：曹老师怎么了？你们猜猜曹老师现在的心情是怎样的？

我们可以做些什么，让曹老师变得开心一些呢？

你们想不想问候一下曹老师？我们可以跟曹老师说些什么？

3. 出示电话与曹老师现场连线，表达小朋友的问候感受曹老师心情的变化。

4. 提问：曹老师现在的心情是怎样的？

是谁让曹老师变得快乐起来？

你们现在的心情又是怎样的？

团结力量大

（大班）

教师：冯薇

⚬ 活动名称

团结力量大

活动目标

1. 尝试采用协商、讨论、合作的方法，解决"拉小球"游戏中的问题。
2. 感知合作的快乐，体验成功的喜悦。

活动重、难点分析

1. 活动重点：学习与同伴友好协商与合作的方法，共同完成任务，体验合作的快乐。
2. 活动难点：能按照事先商量的顺序进行游戏。

重、难点解决策略预设

1. 通过欣赏故事《小黑鱼》，感知团结合作的力量。
2. 开展"拉小球"游戏，尝试用协商、讨论、合作的方法，解决"拉小球"游戏中的问题。

活动准备

物质准备：PPT 故事《小黑鱼》，读秒带，"拉小球"游戏的操作材料。

活动过程

一、欣赏故事《小黑鱼》，感知团结合作的力量。

1. 出示 PPT《小黑鱼》，教师完整讲述，引导幼儿欣赏。

2. 提问。

小黑鱼先后几次遇到了大鱼？

两次遇到大鱼时，小黑鱼们是怎么做的？结果怎样？

你觉得小黑鱼、小红鱼，谁的本领大？为什么？

二、第一次游戏"拉小球"。

1. 出示"拉小球"的操作材料，请幼儿观察：这是什么？你们能把小球从瓶子中拉出来吗？

2. 播放读秒带，请幼儿在最快时间内将瓶里的小球拉出来，要求小球在开始之前必须沾到瓶子里的沙子，而且所有的小球都出来才算成功。

三、讨论：哪一组小朋友成功了？哪一组小朋友没有成功？

请没有成功的幼儿说一说，为什么小球出不来？

请成功的幼儿说一说你们是怎样做的？

想一想小鱼在遇到困难的时候，是用什么方法战胜大鱼的？我们应该怎样做呢？

四、第二次游戏"拉小球"。

1. 请幼儿分组讨论用什么样的方法才能将小球拉出来并再次尝试。

2. 讨论：

这次你们是怎么做的？你们成功了吗？

在生活中，你遇到过哪些困难？你用了什么方法解决这个困难的？

3. 小结：再遇到困难时，我们可以怎么做？

我和动物是朋友

（大班）

教师：景峥

活动名称

我和动物是朋友

活动目标

1. 感知动物和我们的关系，体会动物是我们的朋友。

2. 了解熊猫、袋鼠、公牛、鹰和象有关的信息，产生探究兴趣。

3. 懂得关爱身边的动物，了解关心、照顾小动物的方法。

活动重、难点分析

1. 活动重点：了解身边常见动物，感知动物是人类的朋友。

2. 活动难点：关爱身边的动物，了解关心、照顾小动物的方法。

重、难点解决策略预设

1. 以视频资料、角色扮演活动帮助幼儿了解与动物相关的信息，感受动物与人的朋友关系。

2. 通过找关联游戏，了解很多生活物品由动物身上得来。

3. 观赏视频《褪色的手》，引发幼儿对人们不正确行为的反思和思索，萌生对动物的同情与怜悯之心。

4. 展示各地关爱动物的标识牌，帮助幼儿了解标识牌的内容，引发幼儿关爱动物、宣传爱护动物的意识。

活动准备

物质准备：PPT《我的动物朋友》，视频《褪色的手》，熊猫、袋鼠、公牛、鹰、象的图片，与动物有关的实物，图片、模型等，跳袋，红布，呼啦圈，背景模型，动物胸卡，音乐《快乐的动物园》。

活动过程

一、猜猜这是谁?

引导语:今天,老师要给小朋友介绍几位动物朋友,请你们猜猜它们是谁?

1. 教师口述谜面:"是猫不捕鼠,墨镜不离眼。要问最爱啥?最爱鲜竹叶。"请幼儿猜猜这是谁?

提问:熊猫是什么样子的?熊猫的家在哪里呢?观看视频《熊猫》。

2. 教师模仿袋鼠跳跃的动作,请幼儿猜猜这是谁?

提问:你见过袋鼠吗?关于袋鼠你知道什么?观看视频《袋鼠》。

袋鼠有一项本领是什么?(跳跃)请幼儿用跳袋模仿袋鼠跳跃。

3. 播放音乐《卡门序曲》,请幼儿猜猜这是谁?观看视频《斗牛》。

提问:人们是怎么斗牛的?请幼儿扮演斗牛者、牛的角色,再现斗牛场景。

4. 播放鹰叫的声音,猜猜这是谁?学一学鹰是怎么飞翔的或怎么叫的?播放视频《鹰》。

5. 教师模仿大象鼻子的动作,请幼儿猜猜这是谁?并学学大象甩鼻子的动作,播放视频《象》。

提问:大象可以帮助人们做什么?

二、找关联。

引导语:小动物们带来了很多与这些动物有关的东西,可是它们都混在一起了,你能帮助这些动物找到和自己有关的东西吗?

1. 逐一出示五种动物的背影图,请幼儿猜一猜它是谁?

2. 请幼儿观察桌子上的图片或实物,想一想它和哪种动物有关系,将它放到小动物面前的呼啦圈中。

3. 展示各组分别为小动物找到了什么?说一说为什么要将这些东西和这个小动物放在一起?

三、我和动物做朋友。

1. 请幼儿挑选一张自己喜欢的小动物卡片别在身上,扮演成这个小动物,安静地躲在教师布置好的背景中。教师分别播放几段音乐,请幼儿听一听每段音乐代表的是哪种小动物?当听到自己扮演的小动物音乐时,立即站到场地中间的呼啦圈中,模仿小动物的动作进行表演。当播放欢快的音乐时,请全体小动物一起快乐地舞蹈。游戏结束时,请幼儿说说和小动物一起游戏时的心情是怎样的?

2. 欣赏视频《褪色的手》,请幼儿说说,发生了什么事?你的心情是怎样的?看看这些人是怎么做的?这样做好不好?为什么?应该怎么做?

3. 观看PPT,了解人们对动物的关爱,说说在我们身边有哪些小动物,当我们想表达爱意时,我们可以怎么做?

4. 出示关爱动物的标识牌,引导幼儿了解标识牌的内容,引发幼儿关爱动物、宣传爱护动物的意识。

四、活动延伸。

请幼儿在活动区活动中尝试制作爱护动物的宣传画或标语,讨论制定班级动物饲养角的值日表,开展喂喂小动物、清洗鱼缸等活动。

3 语言领域

动词游戏

(小班)

教师：李晶

活动名称

动词游戏

活动目标

1. 理解常用动词的意义，并用正确的动作表现。
2. 能用动词组成词组，尝试用动词造句。

活动重、难点分析

1. 活动重点：理解动词词义，并丰富动词。
2. 活动难点：能正确地运用动词，尝试进行造句。

重、难点解决策略预设

1. 通过猜动作的游戏，让幼儿用身体感受动作的多样性，理解动词词义。

2. 通过看、猜、做、看图做等多种形式，帮助幼儿正确理解和把握不同的动词。

3. 通过手部的动作游戏以及身体动作游戏，让幼儿在体验中感知动词的多样性、差异性，并丰富动词。

4. 运用实物来调动幼儿的已有经验，通过与传球、玩球游戏，帮助幼儿正确运用动词，组成动词词组，为造句做好准备。

5. 以"一边……一边……"为引领，帮助幼儿完成造句，解决活动的难点。

活动准备

1. 经验准备：在生活游戏中体验并丰富过动词的词汇，能理解动词是表示动作的词。
2. 物质准备：线描运动小人图片，各种物品的图片，皮球1个，铃鼓1个。

活动过程

一、游戏一：猜动作。

1. 小朋友们都爱运动，请你猜一猜，老师在做什么运动？请你用一个字或词来表示我做出的动作。

2. 请一个小朋友用动作表示出自己喜欢的运动，其他小朋友来猜。

3. 看图做动作，出示线描运动小人的图片，请小朋友看线描小人，并用正确的动词说出来。

4. 请小朋友按照老师的指令模仿生活中的动作，如：梳一梳，缝一缝，剪一剪，锤一锤，钉一钉，拧一拧，擦一擦等。

二、游戏二：我的小手动一动。

1. 请每个小朋友用小手做一个动作，说出做的是什么动作，要求最好跟别的小朋友不一样。

2. 请小朋友每人选择一张图片，用图片上的物品来组一个表示手部动作的词。

三、游戏三：我的身体动一动。

1. 请每个小朋友用身体做一个动作，说出做的是什么动作，要求最好跟别的小朋友不一样。

2. 请小朋友每人选择一张图片，用图片上的物品来组一个表示身体动作的词。

四、游戏四：传球说动词。

大家一起来传球，球传到谁那里，谁就用球做出一个动作，并说出你在做什么？

五、游戏五：两个动作一起做。

请幼儿尝试用两个动词和"一边……一边……"的句式来说话。

热闹的小院

（小班）

教师：李晶

活动名称

热闹的小院

活动目标

1. 倾听故事，尝试讲述故事中小动物为老奶奶表演的情节。

2. 理解故事内容，能用完整的语言回答故事中的问题。

3. 能运用表演的形式，表达对老人的关心，体验大家在一起的快乐。

活动重、难点分析

1. 活动重点：在理解故事的基础上，尝试讲述故事中的情节。

2. 活动难点：理解故事内容，会表达对老人的关心。

重、难点解决策略预设

1. 活动开始引出重点词汇——寂寞、热闹。提问：老奶奶为什么会寂寞？让幼儿体会老人需要关心和陪伴，为理解故事要表达的思想做铺垫。

2. 出示幻灯片，图文并茂，帮助幼儿了解故事内容，为讲述故事打下基础。

3. 将讲述环节的幻灯片单独提出来，配合音频，引导幼儿讲述故事中的情节，解决故事中的重点。

4. 结束的环节请教师扮演老奶奶，幼儿为老奶奶表演节目，逗老奶奶开心。让幼儿通过亲身体验，来解决活动中的难点问题。

活动准备

1. 经验准备：有讲述故事中对话的经验，和大家一起表演歌曲、律动儿歌的经验。

2. 物质准备：PPT《热闹的小院》，小动物头饰。

活动过程

一、出示幻灯片，引出故事的主人公。

1. 在 PPT 出现老奶奶的形象时提问："这是谁？"教师讲述故事："老奶奶一个人住在小院里，没有人跟她说话，没有人跟她一起做事，老奶奶真寂寞！"

2. 提问："什么是寂寞？"引导幼儿说出寂寞就是一个人，很冷清，寂寞就是没有朋友，就是没有人一起说话，就是一个人感觉没有意思，没劲儿。

3. 你们有什么办法让她不寂寞呢？你们能为老奶奶做些什么事情？

二、继续讲述故事，了解都有什么小动物要为老奶奶表演节目？为讲述下面的情节做准备。

1. 出示幻灯片，教师讲述故事："这一天，跑来一群小动物，它们看老奶奶一个人很寂寞，就对老奶奶说：'我们给您表演节目吧！'……"

2. 提问：谁来给老奶奶表演节目了？它们会为老奶奶表演什么节目呢？

三、完整讲述故事，理解故事内容，并尝试讲述故事中小动物为老奶奶表演的情节。

1. 教师完整讲述故事，幼儿欣赏。

2. 提问：小动物们是怎样为老奶奶表演节目的？它们发出了什么不同的声音？老奶奶怎么样了？

3. 幼儿一起模仿小动物表演节目，讲述这一情节。

4. 幼儿戴头饰、分角色，边表演、边讲述小动物为老奶奶表演节目的情节。

四、创设情景，幼儿参与互动，体验大家在一起表演的快乐。

1. 你们家里有奶奶、有姥姥吗？爸爸、妈妈去上班了，小朋友上幼儿园了，留下她在家里也会很寂寞，你们想不想回家也为她表演呢？

2. 幼儿讨论可以共同为老奶奶表演什么节目？（歌曲、儿歌、律动）

3. 教师扮演老奶奶，幼儿为老奶奶表演节目，逗老奶奶开心。

五、活动提示。

1. 本活动的重点、难点是让幼儿通过参与互动，体验关爱老人，跟大家一起做事的快乐。

2. 在讲述过程中，请幼儿加入模仿动作，边表演边讲述，符合小班年龄特点的需要。

六、活动延伸。

在生活中，请爸爸、妈妈多带幼儿去看望家中的老人，为他们做一些力所能及的事情。

附录：故事

热闹的小院

老奶奶一个人住在小院里，没有人跟她说话，没有人跟她一起做事。小院里真冷清！老奶奶真寂寞！

这一天，跑来一群小动物，有会说儿歌的小猫，有会唱歌的小青蛙，有会吹喇叭的小虫子，有会敲鼓的小狐狸，还有会跳舞的小鸟。它们看老奶奶一个人很寂寞，就对老奶奶说："我们给您表演节目吧！"老奶奶很高兴地说："那可太好了！"

小猫说着好听的歌儿："喵，喵，喵喵喵。"小青蛙唱起了歌儿："呱，呱，呱呱呱。"小虫吹着喇叭："嘀嗒，嘀嘀嗒。"小狐狸来打鼓："咚呛，咚咚呛。"小鸟跳起了优美的舞蹈："恰恰，恰恰恰。"

冷清的小院立刻变得热闹起来，老奶奶乐得合不拢嘴，她再也不寂寞了！

说"子"字的游戏

(小班)

教师：李晶

活动名称

说"子"字的游戏

活动目标

1. 丰富带"子"的词汇，尝试用带"子"字的词汇结合动词说短语。

2. 激发幼儿思维的灵活性，鼓励幼儿大胆运用带"子"字的词汇。

活动重、难点分析

1. 活动重点：激发幼儿思维的灵活性，丰富带"子"字的词汇。
2. 活动难点：用带"子"字的词加上恰当的动词说短语。

重、难点解决策略预设

1. 运用幻灯片中较为丰富的实物图片展示，引导幼儿发现带"子"字的名词，为丰富词汇做铺垫。

2. 将名词分类别进行讨论，给幼儿提供思路，说出更多带"子"字的词汇。如：吃的食物中带"子"字的词、动物中带"子"字的词、用品中带"子"字的词汇。

3. 游戏"动一动"将带"子"字的词与动词结合，变成动词的词组。为幼儿提供一些实物图卡，让幼儿边操作，边体验，边组词，解决活动中的难点问题。

4. 跟说带"子"字的儿歌，丰富其他类型带"子"字的词。如：人称中带"子"字的词，如：儿子、妞子、小子等等。

5. 迁移生活中的经验，引导幼儿尝试造句，解决活动中的难点问题。

活动准备

物质准备：实物图片的 PPT，带"子"字的图卡若干，筐子、盘子、盒子各 1 个。

活动过程

一、玩游戏，说说带"子"字的词。

请每个幼儿一个接一个地说一个带"子"字的词，规则是不能重复前面小朋友说过的。

二、出示幻灯片，按类别丰富带"子"字的词汇。

1. 出示幻灯片 1，请幼儿猜一猜，什么东西藏在了这个袋子里？提示：能吃的食物中带"子"字的词。

2. 出示幻灯片 2，请幼儿猜一猜，什么东西藏在了这个袋子里？提示：小动物的名称中带"子"字的词。

3. 出示幻灯片 3，请幼儿猜一猜，什么东西藏在了这个袋子里？带"子"字的、能用的东西有什么？

4. 说一说小朋友的身体各部位名称中，有什么是带"子"字的词？

三、加入动词，学说短语。

1. 问答游戏，教师用动词提问，幼儿用恰当的带"子"字的词回答。如：搭什么？叠什么？看什么？穿什么？包什么？吹什么？搬什么？等。

2. 请幼儿拿出小图卡，用图卡上带"子"字的词加上一个动词学说短语。

四、跟说带"子"字的儿歌。

1. 出示幻灯片,教师说儿歌,幼儿倾听。

2. 提问:儿歌的每一句话里有几个"子"字?

3. 请小朋友跟随教师一起说两遍儿歌。

五、活动自然结束。

请小朋友把带"子"字的图卡分别放进筐子、盘子、盒子里,一边放,一边用带"子"字的词来说话,如:我把……放进……里。

找 春 天

（小班）

教师:李晶

活动名称

找春天

活动目标

1. 学说作品中好听的句子,正确运用形容词,尝试表演故事。

2. 初步感知春天的季节变化,感受春回大地的喜悦心情。

活动重、难点分析

1. 活动重点:理解故事内容,感受春回大地的喜悦心情。

2. 活动难点:学说故事中好听的句子,尝试进行故事表演。

重、难点解决策略预设

1. 用游戏环节引出故事中的角色,让幼儿加深对故事角色的认识,为表演做铺垫。

2. 运用幻灯片,优美的音乐和教师的示范朗诵,将幼儿带入春天到了、万物复苏的优美意境中,从而实现活动中的重点。

3. 请幼儿模仿学说故事中好听的语句,并设计表演动作,为解决活动难点——表演故事做准备。

4. 教师参与到故事表演中,担任角色,带领幼儿进行表演,帮助幼儿进行故事表演。

活动准备

1. 经验准备:有用动作表演各种动物的经验。有对春季特征的感知经验。

2. 物质准备:图片——捉迷藏,PPT《找春天》,小青蛙、小白兔、小蝴蝶、小鸭子、小黑熊、小蜜蜂的头饰。

❤ **活 动 过 程**

一、游戏"猜猜它是谁"。

1. 出示图片，请小朋友找一找谁藏在了这张图片里。教师可以逐一进行提问：谁藏在了粉气球的后面？谁藏在了绿气球的后面？也可以请幼儿自己来说。

2. 玩猜动作的游戏，请个别小朋友表演故事中小动物的动作，其他小朋友来猜。

3. 猜一猜他们在做什么？找什么？

二、讲述故事，边讲述、边提问，了解要表演的故事内容。

1. 小青蛙怎么醒的，醒了以后做了什么？说了什么？

2. 有哪些小动物来了？它们要去干什么呀？

3. 小白兔看见春天的草儿是什么颜色的？还有什么是绿绿的？

4. 小蝴蝶闻到春天的花儿是什么味道的？还有什么是香香的？

5. 小鸭子摸到春天的什么了？还有什么是暖暖的？

6. 小黑熊听到春天的时候谁在唱歌？歌是什么样的？还有什么是美美的？

7. 小蜜蜂尝到春天的花蜜是什么味道的？还有什么是甜甜的？

8. 最后小青蛙也找到了春天的什么呀？春天的风是什么样的？

三、幼儿完整欣赏故事，并学说故事中好听的语句。

1. 完整播放幻灯片，请幼儿跟随教师讲述故事。

2. 故事中有哪些好听的语句？是谁说的？说的时候会做什么样的动作？

3. 请幼儿模仿学说这些好听的语句，并设计表演动作。

四、幼儿自由选择角色，初步尝试故事表演。

1. 幼儿选择角色，戴头饰。

2. 排好出场顺序。

3. 加动作，有语气地进行表演。

五、活动提示。

1. 第一个环节中可以根据幼儿的兴趣，任选一种猜动物的游戏方式。

2. 第二个环节通过提问，帮助幼儿重复故事中的对话，为语言的表演打基础。要让幼儿用生动的语言学说对话。后面提问的目的是引导幼儿正确运用形容词。

六、活动延伸。

1. 在小舞台表演这个节目。

2. 在生活中用自己的感官感知体验春天的特征，大胆用语言表达出来。如：我看到春天了……我摸到春天了……

附录：故事

找　春　天

"哗啦啦"，河面上的冰融化啦！睡了一个冬天的小青蛙被惊醒了。它揉揉眼睛，伸个懒腰说："呱呱呱！春天来了吗？"小青蛙的好朋友小白兔、小鸭子、小黑熊、小蜜蜂都来了，高兴地说："我们去找春天吧！"

大家笑着、跑着，在大自然里寻找春天。

小白兔说："我看见春天了！春天的草儿是绿绿的。"

小蝴蝶说："我闻到春天了！春天的花儿是香香的。"

小鸭子说："我摸到春天了！春天的水儿是暖暖的。"

小黑熊说："我听到春天了！春天的小鸟唱的歌是美美的。"

小蜜蜂说："我尝到春天了！春天的花蜜是甜甜的。"

小青蛙说："我也觉得是春天来了，春天的风儿是柔柔的。"

大家笑着，跑着，在春天的怀抱里跳起了欢乐的舞蹈。

夏天在哪里

（小班）

教师：杜京云

活动名称

夏天在哪里

活动目标

1. 理解儿歌内容，学说儿歌。
2. 尝试仿编儿歌中的句子。

活动重、难点分析

1. 活动重点：理解儿歌内容，学说儿歌。
2. 活动难点：了解夏季特征，尝试仿编儿歌。

重、难点解决策略预设

1. 播放 PPT：听听儿歌里的夏天在哪里？
2. 边提问、边理解儿歌内容，感知夏天在哪里。
3. 通过肢体动作表演、问答的形式学说儿歌。
4. 通过游戏"找夏天"，尝试仿编儿歌。请幼儿寻找具有夏季特征的图片，使幼儿了解更多的夏季特征，尝试仿编儿歌。

活动准备

1. 经验准备：日常生活中引导幼儿感知、了解夏天特征。

2. 物质准备：课件，夏季特征卡片。

💗 活动过程

一、欣赏儿歌，激发幼儿学习兴趣。

1. 提问：你们知道现在是什么季节吗？你是从什么地方看出来的？

2. 播放 PPT：听听儿歌里的夏天在哪里？

3. 教师朗诵，请幼儿欣赏儿歌。

二、理解儿歌内容，学说儿歌。

1. 提问：儿歌里的夏天在哪里？请你说一说。

2. 教师边播放 PPT，边请幼儿朗诵。

3. 利用肢体动作表演，帮助幼儿学说儿歌。

4. 用问答的形式学说儿歌。

三、寻找夏季卡片，尝试仿编儿歌。

1. 游戏："找夏天"。

请幼儿在教室里寻找夏天的图片，说一说自己找到的夏天在哪里？进一步了解夏天的特征。

2. 尝试仿编儿歌中的句子。

请幼儿将自己找到的夏天尝试进行仿编儿歌。

3. 请幼儿到前面进行朗诵表演。

四、活动结束。

你们找到的夏天真漂亮，还有更美丽的景色呢！我们再到院子里去找一找吧！

一二三，自己爬起来

(小班)

教师：杜京云

🔮 活动名称

一二三，自己爬起来

🏺 活动目标

1. 喜欢听故事，理解故事内容，懂得摔倒了自己爬起来。

2. 学说短句："××不要怕，一二三，自己爬起来。"

🌀 活动重、难点分析

1. 活动重点：理解故事内容，懂得摔倒了自己爬起来。

2. 活动难点：大胆说出："××不要怕，一二三，自己爬起来。"

重、难点解决策略预设

1. 播放 PPT，请幼儿欣赏故事，了解基本的故事情节。

2. 利用毛绒小动物，边讲故事、边演示小动物是怎样摔倒的？怎样站起来的？帮助幼儿理解故事内容。懂得自己摔倒，自己爬起来。

3. 用拟人的方法，请幼儿扮演故事中的小鸟，跟随它学说故事中的对话："一二三，自己爬起来。"

4. 最后通过故事表演，请幼儿大胆说出故事中的短句。

活动准备

1. 经验准备：在日常生活中，帮助幼儿懂得要坚强勇敢，自己摔倒、自己站起来。

2. 物质准备：白板课件，立体小动物，动物胸卡。

活动过程

一、引出故事名称，激发幼儿活动兴趣。

今天，老师给小朋友们带来了一个好听的故事，我们一起来听听吧！故事的名字叫《一二三，自己爬起来》。

二、欣赏故事，感受故事情节。

1. 利用课件进行讲述。

提问：故事的名字叫什么？

故事里都有谁呀？

小熊、小兔、玩着玩着怎么样了？摔倒了怎么办呀？

2. 使幼儿感受故事情节，知道摔倒了自己爬起来。

三、理解故事内容，学说短句。

1. 运用毛绒小动物，边演示、边讲故事，并进行提问。

（1）小熊、小兔摔倒了，谁飞来了？它说了什么？

（2）小熊、小兔是怎么做的？

2. 请幼儿学说小鸟的话："××不要怕，一二三，自己爬起来。"

3. 教师演示小熊、小兔先后爬起来的情境，使幼儿充分感受"××不要怕，一二三，自己爬起来"这句话的含义。

4. 讨论：

（1）如果你自己不小心摔倒了怎么办呢？引导幼儿知道摔倒了要自己勇敢地爬起来，不用别人扶。

（2）如果别的小朋友摔倒了，你怎么办？你会说什么？你会怎么做？引导幼儿在生活中学会帮助别人。

四、故事表演。

1. 请幼儿扮演角色，进行表演。让幼儿再次体验、感受自己跌倒、自己爬起来。

2. 在表演过程中，学讲"××不要怕，一二三，自己爬起来"。

风在哪里

（中班）

教师：李晶

活动名称

风在哪里

活动目标

1. 感知诗歌中蕴含的美感，提高幼儿对语言美的感受力。

2. 了解诗中"翩翩起舞""频频点头""凉爽"等词语的意思，并尝试运用"当……就……"的句式讲一句话。

3. 激发幼儿想象的丰富性、思维的发散性和独创性。

活动重、难点分析

1. 活动重点：感知诗歌中蕴含的美感，大胆自信地朗诵儿歌。

2. 活动难点：尝试运用"当……就……"的句式讲一句话，激发幼儿想象的丰富性、思维的发散性和独创性。

重、难点解决策略预设

1. 第一个环节，让幼儿感受风吹过身体的感觉，为理解儿歌内容打下基础。

2. 运用动态形象的幻灯片，优美的音乐，教师有语气地朗诵来帮助幼儿体验诗歌中蕴含的美感，解决活动重点问题。

3. 通过对重点词汇的分析理解，并做出相应的动作，为朗诵诗歌做准备。

4. 运用表演的形式，教师戴风婆婆的头饰，幼儿戴树、花、草或帆船、风筝、风车、花裙、云、旗子的图片进行表演，配以轻音乐，朗诵诗歌中的优美语句。从而解决幼儿大胆表演和朗诵诗歌的重点。

5. 请幼儿讨论：风还会和谁做朋友？（帆船、风筝、风铃、风车、花裙、云、浪花、彩带、纱巾、气球……）并用"当……就……"的句式来回答。帮助解决幼儿用固定句式造句、仿编儿歌的难点。

活动准备

1. 经验准备：幼儿了解空气的小知识，带领幼儿外出观察风吹起来时，我们周围事物的变化。

2. 物质准备：PPT课件，图、字卡若干，树、花、草头饰若干，小扇子若干。

活动过程

一、感受风吹过身体的感觉，并尝试说出自己的感觉。

1. 请幼儿闭上眼睛，教师用扇子对着幼儿扇风，请幼儿体会风吹过身体的感觉。

2. 提问：当有风吹过时，你有什么感觉？你身上的什么在动？它怎么动的？

3. 今天我们来听一首关于风的诗歌。

二、欣赏诗歌《风在哪里》。

1. 出示教具：请幼儿观赏PPT，引出儿歌。

2. 教师利用教具配上音乐，富有感染力地朗诵一遍诗歌。

3. 用讨论形式，帮助幼儿理解诗歌语言。

(1) 风在哪里？诗歌中谁回答了这个问题？

(2) 风吹过大树，树的枝叶是怎样的？（让幼儿说出"翩翩起舞""摇来摇去"……）

(3) 风吹过花朵，花会怎样？（频频点头）

(4) 风吹过小草，小草又会怎么样？（晃动、点头、弯腰、鞠躬……）

(5) 风来了，它给春夏秋冬带来了什么？

三、请幼儿分角色，朗诵诗歌。教师引导幼儿感受诗歌的情感。

四、请幼儿讨论：风还会和谁做朋友？（帆船、风筝、风铃、风车、花裙、云、浪花、彩带、纱巾、气球……）请你用"当……就……"的句式来回答。

五、诗歌表演。

1. 分角色进行表演：教师戴风婆婆的头饰，幼儿戴树、花、草或帆船、风筝、风车、花裙、云、旗子的图片进行表演，配以轻音乐，朗诵诗歌中的优美语句。

2. 可以换图片再进行表演。

六、提问：引导幼儿大胆运用句式造句"当秋天来了，……就怎么样了"。

七、活动提示。

1. 此次活动的重点、难点：感受儿歌的内容、能够运用"当……就……"的句式来造句。

2. 能正确地理解"翩翩起舞""频频点头""凉爽"等词语的意思。

八、活动延伸。

1. 让家长引导幼儿观察有风时，家里事物发生的变化。

2. 在活动区进行表演，还可以请幼儿将儿歌的内容用绘画的形式进行展现。

3. 儿歌仿编，带幼儿外出观察风来时天空、陆地上各种物体的变化，鼓励幼儿大胆联想这些变化的形态像什么，引导幼儿用诗歌中的句式表达这些变化。

附录：儿歌

风 在 哪 里

风在哪里？

大树说：当我的枝叶翩翩起舞，就是风在吹过。

风在哪里？

花儿说：当我的花朵频频点头，就是风在吹过。

风在哪里？

草儿说：当我的身体轻轻晃动，就是风在吹过。

风在哪里？

风就在我们身边。

春天，它吹绿了大地；

夏天，它送来了凉爽；

秋天，它飘来了果香；

冬天，它带来了银装。

冬天的小路

（中班）

教师：张志娟

活动名称

冬天的小路

活动目标

1. 理解故事内容，较完整地复述故事主要情节。
2. 丰富并掌握动词："推""铲""扒""扫"。

活动重、难点分析

1. 活动重点：理解故事内容，能复述故事主要情节。
2. 活动难点：能理解并使用恰当的动词"推""铲""扒""扫"。

重、难点解决策略预设

1. 第一个猜谜环节，激发幼儿兴趣，引出故事的四个主人公，为后面四个故事情节做铺垫。

2. 运用 flash 将四个小动物的动态表现出来，增强视觉效果，让幼儿更加形象地理解动词"推""铲""扒""扫"，为解决难点做好铺垫。

3. 通过对重点词汇的分析、理解，并做出相应的动作，为复述主要故事情节做准备。

4. 运用表演的形式，教师带领幼儿分别扮演四个小动物的角色，运用相应的动作去理解、体验四个动词，从而解决难点。

5. 通过幼儿自选头饰，进行角色表演这一环节，解决复述故事主要情节的重点。

活动准备

1. 经验准备：幼儿了解"推""铲""扒""扫"的含义，并有一定的生活体验。

2. 物质准备：PPT 课件，小胖猪、小鸭子、小花狗、小松鼠的动物头饰。

活动过程

一、出示动物的脚印背景图，激发幼儿的兴趣。

小朋友，今天老师给大家请来了四位动物朋友，猜猜看它们分别是谁？

1. 引导幼儿根据脚印特征自由猜想、判断动物。

2. 幼儿猜出后，出示相应的动物，并以故事的形式导入。

二、利用课件引导幼儿理解故事内容。

1. 出示第一幅画面，引导幼儿仔细观看并尝试讲述画面内容。

这里怎么了？什么季节才下雪呢？

下雪了，大树、房屋、小动物们门前的小路发生了哪些变化？

教师小结画面内容：冬天来到了，下起了雪，雪花飘呀飘呀，飘落在小路上，小路不见了。

小路不见了，小动物们出来会发生什么事呢？

（请幼儿大胆想象并完整表达自己的想法）

2. 出示第二幅画面，引导幼儿大胆尝试讲述画面内容。

教师小结画面内容：小胖猪一摇一摆地走过来了，"扑通"，滑了一跤，痛得"噜噜"叫；小鸭子摇摇摆摆地走来了，"哧溜"，滑了一跤，痛得"嘎嘎"叫；小花狗蹦蹦跳跳地跑来了，"扑通"，滑了一跤，抬起头来"汪汪"地叫。小松鼠看见了，急得"吱吱"叫："糟糕，真糟糕！小路不见了，快来把路扫。"

提问并讨论：

下雪了，发生了什么事？哪些小动物在雪地上摔倒了？它们是怎样走过来的？摔倒时发出什么声音？摔痛时，它们怎样叫？

小松鼠看见了，说了什么？又做了什么？

小动物们是怎样扫雪的？

（请幼儿大胆想象并完整表达自己的想法）

3. 出示第三幅画面，引导幼儿大胆尝试讲述画面内容。

教师小结画面内容：小胖猪用鼻子推呀推，小鸭子用嘴巴铲呀铲，小花狗用爪子扒呀扒，小松鼠用尾巴扫呀扫，啊，小路又出来了。

提问并讨论：

请你说说小动物们用了哪些方法扫雪？并模仿小动物扫雪时的动作。

小路露出来了，小动物们的心情是怎样的？（愉快的、高兴的、开心的、快乐的、兴奋的、有成就感）

请幼儿大胆想象并完整表达自己的想法。

4. 出示第四幅画面，引导幼儿大胆尝试讲述画面内容。

教师小结画面内容：小胖猪摇摇脑袋："哼哼，我又看到小路了，真开心！"小鸭子拍拍翅膀："嘎嘎，我心里真高兴！"小花狗又蹦又跳："汪汪，谁也不会再摔跤。"小松鼠转个圈子："我们一起跳个舞，好不好？"太阳出来了，小路又晒干了。它们手拉着手，高高兴兴地跳起舞来。

提问并讨论：雪扫完后，小动物们在小路上干什么了？它们的心情是怎样的？

小朋友们，现在你们知道这里发生了什么事了吧。下面，我们再来完整地听一遍故事好吗？故事的名字叫《冬天的小路》。

三、教师完整地讲述一遍故事，幼儿认真倾听。

提问：故事里发生了什么事？为什么雪很快就扫完了？感知一起做事又快又好。

四、教师创设故事情境，幼儿自选头饰和道具进行故事表演。

幼儿自选头饰和自制工具，进行故事表演，边表演、边学说短语："我用推耙推雪"，"我用铲子铲雪"，"我用耙子扒雪"，"我用笤帚扫雪"。理解词汇"推""铲""扒""扫"。

附录：故事

冬 天 的 小 路

下雪啦，下雪啦。雪花飘呀飘，飘落到小路上，小路不见了。

小胖猪一摇一晃过来了，"扑通"滑了一跤，痛得"噜噜"叫；小鸭子摇摇摆摆走来了，"吱溜"滑了一跤，痛得"嘎嘎"叫；小花狗蹦蹦跳跳地跑来了，"扑通"滑了一跤，抬起头来"汪汪"叫；小松鼠在树上，急得"吱吱"叫；大家一起喊："糟糕，真糟糕！小路不见了，快来把雪扫。"

小胖猪用鼻子推呀推，小鸭子用嘴巴铲呀铲，小花狗用爪子扒呀扒，小松鼠用尾巴扫呀扫，不一会儿，就把雪扫得干干净净。啊，小路出来了。

"嗯嗯，我又看到小路了。"小胖猪摸摸鼻子开心地说。

"嘎嘎，我心里真高兴。"小鸭子撅撅嘴巴。

"汪汪，谁也不会再摔跤。"小花狗拍拍爪子。

"我们一起跳个舞好不好？"小松鼠摇摇尾巴。

太阳出来了，小路晒干了，它们手拉着手，高高兴兴地跳起舞来。

歌曲："冬天来了下雪了，下雪了下雪了，冬天来了，下雪了，我的朋友。

小路小路不见了，不见了不见了，小路小路不见了，我的朋友。

我们一起扫呀扫，扫呀扫扫呀扫，我们一起扫呀扫，小路出来了。"

柳絮飘飘

（中班）

教师：张立

活动名称

柳絮飘飘

活动目标

1. 欣赏诗歌，学说诗歌中的句式。
2. 尝试用优美、抒情的语气朗诵诗歌。

活动重、难点分析

1. 活动重点：欣赏诗歌，感知、理解诗歌中重复的句式。
2. 活动难点：运用诗歌中的句式尝试创编诗歌。

重、难点解决策略预设

1. 运用 PPT 帮助幼儿理解诗歌。
2. 运用图片引导幼儿尝试用诗歌中的句式创编。

活动准备

物质准备：PPT《到太阳上面种棵树》，附点音符节奏卡。

活动过程

一、播放视频，请幼儿观察柳絮飘时的样子。

教师提问：

1. 你看到过柳絮吗？它是什么颜色、形状？
2. 柳絮飘起来的时候，像什么？

二、播放课件，欣赏诗歌。

教师提问：

1. 诗歌中说柳絮飘起来像什么？请你学一学。
2. 燕子、种子、小朋友看见柳絮飘下来，都说了什么？

三、播放录音，学习句式。

教师提问：

1. 柳絮和燕子、种子、小朋友说了什么？

2. 燕子说它刚刚回家，你知道它是从哪里飞回家的吗？为什么春天到了，燕子就会飞回北方呢？

3. 春天到了，种子要干什么呢？（春天到了，北方天气转暖，气温上升。燕子飞回来了，种子也要发芽了。）

4. 春天的时候，小朋友们要做什么？可以玩什么？去哪里？（引导幼儿依据自己的生活经验，说说春天带给自己的快乐体验。）

四、朗诵诗歌，表达感情。

利用电子白板的拖动功能，通过填空的形式，引导幼儿尝试用优美、舒缓的语气完整朗诵诗歌。

五、发散思维，创编句式。

1. 教师出示图片，引导幼儿说一说图片中的内容，并尝试用诗歌中的句式依据图片内容创编诗歌。

2. 教师提问：想一想，柳絮不是雪花，它是谁？它还会去"帮助"谁？（引导幼儿发散思维，用诗歌中的句式说一说。）

附录：诗歌

柳 絮 飘 飘

柳絮飘飘，飘向空中。

燕子说："雪花，雪花，快快走吧。冬天已过，我刚回家！"

柳絮说："我不是雪花，是柳树妈妈的娃娃。春天到啦，妈妈让我来装扮你美丽的家！"

柳絮飘飘，飘到地里。

种子说："雪花，雪花，快快走吧。冬天已过，我要发芽！"

柳絮说："我不是雪花，是柳树妈妈的娃娃。春天到啦，妈妈让我来唤你快快长大！"

柳絮飘飘，飘到公园里。

小朋友说："雪花，雪花，快快走吧。冬天已过，我要玩耍！"

柳絮说："我不是雪花，是柳树妈妈的娃娃。妈妈让我来告诉你们：春天到啦！春天到啦！"

颠倒词游戏

（大班）

教师：杜京云

活动名称

颠倒词游戏

活动目标

1. 感知、理解颠倒词。
2. 能看图片联想恰当的颠倒词，与同伴分享。
3. 尝试用颠倒词说一句完整的话。

活动重、难点分析

1. 活动重点：感知、理解颠倒词。
2. 活动难点：联想出恰当的颠倒词，并用颠倒词说一句完整的话。

重、难点解决策略预设

1. 先以颠倒儿歌引出，激发幼儿的兴趣。
2. 播放 PPT，帮助幼儿感知颠倒词的含义。
3. 通过"颠倒姓名"游戏，了解颠倒词是要有意义的词汇。
4. 通过"词汇卡片"进行配对游戏，使幼儿正确认识颠倒词。
5. 最后利用一对颠倒词说一句话。

活动准备

物质准备：PPT，图片。

活动过程

一、以颠倒儿歌引出。

1. 出示 PPT，请幼儿欣赏颠倒歌。
2. 提问：在这个儿歌里，你听出哪里说的意思是颠倒的吗？
3. 请幼儿用笔圈出颠倒的部分。

二、游戏"颠倒姓名"。

1. 教师念出幼儿的姓名，请幼儿颠倒过来念，培养幼儿的反应能力。
2. 感知颠倒过来的名字是否有意义，帮助幼儿理解有意义的词才能称为颠倒词。

三、有趣的颠倒词。

1. 出示 PPT，引导幼儿根据图片内容说出相应的颠倒词。
2. 说一说它们的意思有什么不同，进一步感知颠倒词的含义。
3. 请幼儿说一说还有哪些颠倒词，可以和扮作客人的教师进行互动，共同分享。
4. 游戏"颠倒词"找朋友。

幼儿选择颠倒词卡片，听音乐进行配对。

四、颠倒词造句。

请幼儿尝试利用一对颠倒词进行造句，例：蜜蜂在花园里采蜂蜜等。

熊叔叔的生日派对

（大班）

教师：张志娟

活动名称

熊叔叔的生日派对

活动目标

1. 观察图片，大胆想象并表达，试着推理故事情节。
2. 引导幼儿发现故事中的相反词，并尝试用动作来表现。
3. 知道邻里间应该互相帮助，养成良好的品德。

活动重、难点分析

1. 活动重点：理解故事内容，大胆想象并表达。
2. 活动难点：引导幼儿发现故事中的相反词，并尝试用动作来表现，加深理解。

重、难点解决策略预设

1. 通过 PPT 帮助幼儿理解故事内容，同时引导幼儿发现画面中熊叔叔的各种相反动作。
2. 利用 PPT 一一对应的方式展现，认识相反词。
3. 通过一系列的游戏，让幼儿加深对相反词的理解，增加学习相反词的趣味性。

活动准备

物质准备：绘本《熊叔叔的生日派对》，PPT 课件，相反词图片。

活动过程

一、导入环节。

1. 谈话导入故事：

今天，老师给小朋友带来了一个好听的故事。（出示课件）

2. 小朋友们认识这几个字吗？谁来读一读？

3. 你知道"派对"是什么意思吗？

4. 小朋友们平时是怎样过生日的？有生日礼物吗？你参加过别人的生日派对吗？

5. 今天是熊叔叔过生日，谁会来呢？它们会带礼物吗？

二、活动过程。

1.（出示课件）讲述故事。

2.小朋友们，门铃声让小熊做了那么多相反的动作。你来看看，它都做了哪些相反的动作？（出示课件）

3.我们来读一读这些动作相反的词吧！

4.游戏一：摆相反卡片。

出示移动黑板，请幼儿们把具有相反意义的图片摆在一起，并说说为什么这样摆？

5.游戏二：相反的动作。

（1）教师做出一个动作，幼儿做相反的动作。然后，幼儿做动作教师做相反的动作。

（2）把幼儿分两组，起好各组的名字，两组 PK。

6.游戏三：说相反的话。

教师说一句，看哪组的小朋友能说出和我相反的话。然后请幼儿来试试，两两一对互相说出相反的话。

7.依据生活中具有相反意义的现象说相反词。

8.继续讲故事。（出示课件）

熊叔叔是一个喜欢帮助别人的人，为了帮小动物们在小溪上造石桥，累得连自己的生日都忘了。所以，小动物们为了表示对熊叔叔的感谢，就都来为熊叔叔过生日，熊叔叔流下的是高兴的泪水。

三、结束部分。

小朋友们，你们想参加熊叔叔的生日派对吗？下次我们一起为熊叔叔制作生日礼物，一起去参加派对吧！

搬过来　搬过去

（大班）

教师：景峥

活动名称

搬过来　搬过去

活动目标

1.根据线索尝试推测故事的相关情景。

2.通过对画面的观察，用完整的语言进行讲述。

活动重、难点分析

1.活动重点：观察画面细节，理解故事内容。

2. 活动难点：能根据线索推测故事的结果。

重、难点解决策略预设

运用 PPT 引导幼儿观察图片细节，理解故事内容。

活动准备

物质准备：PPT《搬过来　搬过去》，作业纸。

活动过程

一、观察封面图片，感受故事主人公。

1. 白板遮盖，出示封面中的鳄鱼嘴和长颈鹿的脖子。

提问：请你猜猜这是关于谁和谁的故事？你是怎么知道的？

2. 出示全图，鳄鱼与长颈鹿比身高。

提问：鳄鱼和长颈鹿分别是什么样子的？你能用一对词说出来吗？

3. 教师配乐朗诵故事第一段。

二、欣赏故事，理解故事的主要内容。

1. 播放课件。

提问：长颈鹿住进鳄鱼的家里发生了什么事？

2. 出示课件，长颈鹿在鳄鱼家的画面。

提问：看到什么时候发生了什么事情？你能用"在什么时候发生了什么事情"的句子完整地说出来吗？

3. 播放课件，教师带领幼儿继续欣赏故事第二段。

提问：那么鳄鱼搬到长颈鹿的家中会发生什么事情呢？出示画面，开门、上楼梯、上厕所等场景。引导幼儿讨论，在这些地方可能会怎样呢？

4. 讨论：鳄鱼是什么心情？有什么办法帮助鳄鱼和长颈鹿呢？

5. 播放课件新家。

提问：你觉得它们两个住在新家里会怎么样呢？为什么？你从哪里看出来的？教师根据幼儿回答，用笔圈出相应的图画。

三、完整欣赏故事，感受故事中情节及寓意。

1. 请幼儿完整欣赏故事。

2. 出示表格。

提问：故事中鳄鱼和长颈鹿为了能住在一起，它们想出了几种方法？分别是什么？

在白板教学中，请幼儿依据故事的发展顺序，拖动图片在表格中进行填图。你最喜欢哪种方法？为什么？三种方法感到方便的人贴上笑脸，给不方便的人贴上哭脸。教师依据故事情节，请幼儿在两只动物都感到很方便的方法情境图上贴笑脸卡片，在两只动物都感到不方便或给某一只动物带来不方便的情境图上贴哭脸标记。

讨论：你们都有好朋友，当你和朋友同时做一件事情，他喜欢但是你不喜欢时，你会怎样做呢？幼儿讨论回答。

附录：故事

搬过来　搬过去

这是长颈鹿。她非常高大。这是鳄鱼。他非常矮小。他们的身高整整差了两米又四十三厘米。

尽管如此，他们是一对真正的爱人。他们是怎么认识的？这写在另一本书里。对于这段相识，鳄鱼和长颈鹿都非常高兴。当然，真心相爱的人都希望有一幢房子，这样他们才能够生活在一起。于是，他们搬到城市的边缘，搬进鳄鱼的小房子。

不过，那儿并不理想，一点也不理想。长颈鹿走到哪儿都会撞到头。当她睡觉时，只要伸展一下身体，她就完全看不到鳄鱼了。当她想要坐得舒服一点时，同样的事情又发生了！

"要不，我们搬到你家去吧。"鳄鱼对长颈鹿说，"小鳄鱼住大房子总比大长颈鹿住小房子要好得多。"于是，他们搬到城市的另一边，搬进长颈鹿的大房子。但是，住在那里也有很多困难，而且非常困难。

鳄鱼怎么在这张桌子旁边吃东西呢？也许他需要一把高高的椅子吧！但是，鳄鱼又怎么坐上去呢？他们可以改用一张比较矮的桌子，但是那又不适合长颈鹿。他们也可以在地板上锯一个洞，长颈鹿坐在地下室，只需把头伸到地板上面来。但是，长颈鹿的脚会冻得冰凉冰凉的，这样对她可不好。

还有许多麻烦事呢。门把手太高了！楼梯太陡了！马桶也太大了！甚至晾衣服都有困难！即使鳄鱼学会了走绳索。

鳄鱼和长颈鹿越来越难过。事情不能再这样继续下去了，鳄鱼不能忍受这一切，长颈鹿也是！唯一没有问题的地方就是床。当他们躺在床上时，高度才会相同。这时候，他们才可以望着彼此的眼睛，给对方一个最甜蜜的微笑，就像当初一样的快乐。

于是，他们想出了一个解决问题的好办法。第二天一早，阳光灿烂，鳄鱼和长颈鹿在花园里制定了一项伟大的计划。他们开始挖一个巨大的坑。他们敲啊！钻啊！凿啊！他们拿来了木板、树干和玻璃。长颈鹿还把自己当作滑梯呢！终于，每件东西都洗干净了、擦亮了。最后，巨大的水罐车开过来，往坑里装满水。

现在，鳄鱼和长颈鹿住在游泳池里。在水中，他们的高度相同。他们可以一直互相对望，并且给对方一个最甜蜜的微笑。所有的问题，都被洗掉啦！

月 亮 船
（大班）

教师：景峥

活动名称

月亮船

活动目标

1. 理解故事情节，尝试复述故事中的对话及主要情节。
2. 感受故事中帮助别人、自己也快乐的美好情感。
3. 了解我国的一些名胜古迹，为自己是一个中国人而感到骄傲。

活动重、难点分析

1. 活动重点：理解故事情节，尝试用故事中的对话进行简单的复述。
2. 活动难点：了解中国的名胜古迹，激发幼儿热爱祖国的情感。

重、难点解决策略预设

1. 课件、视频激发情感，帮助幼儿理解故事，解决活动的重点。
2. 教师的提问帮助幼儿理解故事、复述故事，帮助幼儿解决活动中的难点。

活动准备

物质准备：课件《月亮船》、《中国之最》的视频。

活动过程

一、分段欣赏故事、逐渐理解故事。

1. 教师出示课件——蒲公英在流泪的图片。

提问：这是谁？（这是蒲公英）

它怎么了？（引导幼儿从脸上的表情观察出流泪，哭了）

蒲公英为什么会哭呢？（引导幼儿自主猜测）

2. 播放课件，引导幼儿欣赏故事《月亮船》：我们一起来欣赏故事《月亮船》，就知道蒲公英为什么哭了。

3. 教师讲述《月亮船》（上半部分）。

提问：

（1）蒲公英为什么哭了？（因为蒲公英迷路了）

（2）蒲公英哭得这么伤心，大家是怎样帮助它的呢？（幼儿自由回答）

4. 教师继续放映课件至结束：

提问：是谁帮助了蒲公英？月亮姐姐是怎么帮助蒲公英的？月亮姐姐带领蒲公英去了哪些地方？蒲公英的家在哪里呢？

5.（1）提问：月亮船在云海里飘呀飘呀，蒲公英看见了什么？月亮姐姐告诉它那是什么？

（世界上最大的海洋——太平洋；世界上最高的山——喜马拉雅山）

（世界上最大的广场——天安门广场；世界上最长的城墙——万里长城）

（2）提问：月亮姐姐让蒲公英记住什么？（孩子，记住你的家叫中国）

二、整体欣赏故事，学说世界之最。

1. 我们一起来完整欣赏一下故事《月亮船》吧！

提问：你觉得故事中什么地方最吸引你？请你学一学故事中好听的话？

2. 教师引导幼儿学说：

（1）月亮船在云海里飘呀飘呀！蒲公英看见了世界上最大的海洋。月亮姐姐就告诉他，那叫太平洋。蒲公英又看见了世界上最高的山峰，月亮姐姐告诉他，那叫喜马拉雅山。蒲公英还看见了世界上最大的广场，月亮姐姐告诉他，那叫天安门广场。蒲公英最后看见了世界上最长的城墙，月亮姐姐告诉他，那叫万里长城。

（2）教师引导幼儿找好朋友，一个做蒲公英，一个做月亮姐姐，学说对话，前半句蒲公英说，后半句月亮姐姐说。

（3）教师引导幼儿进行表演：可采用两两结伴、个别与集体、师幼互动等形式。

三、自主分享讨论，我爱家乡。

1. 提问：蒲公英的家乡在中国，我们的家乡在哪里呢？你们喜欢她吗？请小朋友互相说说我们的家乡都有什么？

2. 幼儿欣赏简介：我爱家乡。

3. 教师与幼儿再次欣赏歌曲《大中国》。

附录：故事

月 亮 船

一朵小小的蒲公英被风儿吹到了很远很远的地方。

风停了，蒲公英睁开眼睛一看，啊！这是什么地方？陌生的树，陌生的山，陌生的小河，迷路的蒲公英急得哭了。

好心的蟋蟀听到了哭声说："别哭、别哭，我来给你唱歌。"蒲公英说："谢谢你，我不听，我要回家。"

善良的小鸟说："别哭、别哭，听我唱歌。"蒲公英说："谢谢你，不，我不听，我要回家。"

天黑了，月亮升起来了，像只弯弯的小船。月亮姐姐看见蒲公英在伤心地哭，便问："可怜的孩子，你怎么啦？"蒲公英说："我迷路了，我要回家。"月亮姐姐温柔地问："你的家在哪儿？"蒲公英说："妈妈告诉我，我的家在世界的东方，那儿有世界最大的海洋，那儿有世界上最高的山，那儿有最大的广场，那儿有最长的城墙。"

月亮微笑着说："我明白了，坐我的船，我送你回家。"月亮船在云海里飘呀飘呀，月亮带着蒲公英来到了世界上最大的海洋，问："这是太平洋，是你的家吗？"蒲公英说："不是不是，这不是我的家。"他们又来到了世界上最高的山峰。月亮姐姐问："这是喜马拉雅山，是你的家吗？"蒲公英说："不是不是，这不是我的家。"突然，地面上出现了一片光芒。月亮船来到万里长城上空，月亮问："这是长城，是你的家吗？"蒲公英摇摇头："不是不是，这不是我的家。"云朵飘啊飘，月亮船继续走，这里灯火通明，火树银花，月亮船来到了天安门广场，蒲公英激动地说："停一停，停一停，这就是我的家，我知道了，妈妈曾经说过风把我吹到哪里，哪里就是我的家！我的家在中国，这里处处是我家。"蒲公英随着风儿又飘下了船，说："再见！谢谢你，月亮船。""再见，孩子。记住，你的家是——中国。"

4 科学领域

吹 泡 泡

(小班)

教师：丁惠英

活动名称

吹泡泡

活动目标

1. 感知三种不同形状的吹泡泡器都能吹出圆形的泡泡。
2. 萌生幼儿对科学活动的兴趣。

活动重、难点分析

1. 活动重点：感知三种不同形状的泡泡器都能吹出圆形的泡泡。
2. 活动难点：感知三角形、方形的吹泡泡器吹出的也是圆形的泡泡。

重、难点解决策略预设

1. 尝试猜想，动手操作，观察感知三种不同形状的泡泡器都能吹出圆形的泡泡。
2. 追泡泡游戏，充分感知泡泡都是圆形的。

活动准备

物质准备：吹泡泡器（圆形、三角形、方形），泡泡液，碗，音乐。

活动过程

一、以游戏"吹泡泡"引出活动主题。

教师吹泡泡，请幼儿追逐跑，引导幼儿自己提出吹泡泡的意愿。

二、出示吹泡泡器，引导幼儿观察、尝试。

1. 看一看：

提问：看一看泡泡器都有什么形状的？

2. 想一想：

提问：圆形的吹泡泡器会吹出什么形状的泡泡？

三角形吹泡泡器会吹出什么形状的泡泡？

方形吹泡泡器会吹出什么形状的泡泡？

3. 试一试：

请小朋友任选一个吹泡泡器来吹泡泡，看看吹出来的是什么形状的泡泡。

4. 说一说：

提问：你用的是什么形状的吹泡泡器？吹出的泡泡是什么形状的？

三、游戏：追泡泡。

1. 请拿圆形吹泡泡器的小朋友吹一吹，试一试会吹出什么形状的泡泡？其他幼儿追着泡泡跑一跑。

2. 请拿三角形吹泡泡器的小朋友吹一吹，试一试会吹出什么形状的泡泡？其他幼儿追着泡泡跑一跑。

3. 请拿方形吹泡泡器的小朋友吹一吹，试一试会吹出什么形状的泡泡？其他幼儿追着泡泡跑一跑。

四、出示幼儿带来的泡泡器，请幼儿观察并留做户外活动中进行操作、感知。

五、播放歌曲《吹泡泡》，结束活动。

透光不透光

(中班)

教师：金东

活动名称

透光不透光

活动目标

1. 通过实验能初步感受到布有透光性。

2. 通过比较的方法，知道布的颜色与透光性的关系。

3. 喜欢动手进行科学实验。

活动重、难点分析

1. 活动重点：通过实验能初步感受到布有透光性。
2. 活动难点：体验光的穿透能力与布的颜色之间的关系。

重、难点解决策略预设

1. 通过情景导入，激发幼儿的活动兴趣。
2. 通过引导幼儿操作实验，感知布的透光性。

活动准备

物质准备：红色和黑色的涤盖棉若干块，实验记录纸每人 1 张，2～6 数字卡片每组一套，胶棒，手电筒，PPT《什么时候需要遮光》，电子白板记录表格。

活动过程

一、为什么要拉窗帘？

1. 请幼儿观看 PPT：小朋友操作学具，引出活动主题。

讨论：看不清楚白板怎么办？

2. 用拉窗帘、关灯的方法解决问题。

二、什么颜色的布适合做窗帘？

1. 教师出示记录表并介绍记录表的使用方法。

2. 幼儿进行猜想和记录。

讨论：我是这样认为的。

3. 幼儿进行实验和记录。

用红色的布进行实验，并将实验结果用数字卡片的形式粘贴在记录纸上。

用黑色的布进行实验，并将实验结果用数字卡片的形式粘贴在记录纸上。

4. 交流分享：哪种颜色的布遮光性更好？

提问：黑布有几块？红布有几块？

黑布和红布哪个多？哪个少？说明了什么？

教师利用电子白板，记录幼儿的发现。

三、什么时候要遮光？

1. 提问：小朋友想一想，什么时候我们需要把光线遮挡起来呢？

2. 幼儿观看 PPT：什么时候需要遮光？

午睡、看书、看电视的时候需要遮光。

四、活动延伸。

回家后，看看自己家里的窗帘是什么颜色的？遮光效果怎么样？

光宝宝穿管子

(中班)

教师：金东

活动名称

光宝宝穿管子

活动目标

1. 通过动手操作，初步了解光是沿直线传播的特征。
2. 在游戏中感知镜子可以反射光，让光拐弯。
3. 大胆尝试利用镜子，反射灯光，照亮小人，对光产生兴趣。

活动重、难点分析

1. 活动重点：通过调整镜子的角度发现镜子可以反射光线。
2. 活动难点：能初步理解镜子可以反射灯光，让光线拐弯。

重、难点解决策略预设

1. 通过创设游戏情景"帮助光宝宝找到舞台上的兔子"，引导幼儿大胆尝试，发现光宝宝会拐弯。
2. 通过问题引领：怎样不用手电对着房顶上的小兔子而让光宝宝照亮它？帮助幼儿发现镜子反射现象可以帮助光宝宝照到房顶上的兔子。
3. 运用多媒体信息技术来解决活动中的重点。请幼儿观看课件《光宝宝拐弯》，从而引导幼儿发现镜子通过反射可以帮助光宝宝拐弯。

活动准备

物质准备：每人1个集光手电，能打开的小镜子，直的、弯的管道若干，在房顶上贴3个小兔子，潜望镜1个，课件《光宝宝拐弯》，PPT《生活中的光反射》。

活动过程

一、光宝宝穿管子。

1. 请幼儿观察桌子上面有什么？它们有什么不同？

提问：猜一猜，如果用手电筒从管子的一头照对面的舞台，光宝宝会穿过哪根管子？怎样才能知道光宝宝有没有穿过管子呢？

2. 请幼儿进行实验。

将纸质的舞台放置在桌子的一头，将管子放在舞台前方，用手电筒从管子一头照明，观察舞台上是否有灯光出现。

幼儿将能穿过光线的管子和不能穿过光线的管子分类放好。

3. 讨论。

哪些管子可以让光宝宝穿过？它们都是什么样的？

哪些管子不可以让光宝宝穿过？它们又是什么样的？

二、光宝宝会拐弯。

1. 教师出示装有镜子的管子，用灯光照射，请幼儿观察舞台有什么变化？

2. 提问：为什么光宝宝可以穿过这根弯的管子？是谁让光宝宝拐弯的呢？

3. 教师将管子拆开，请幼儿看看管子里面有什么？再看看幼儿试验的管子里面有什么？

讨论：是镜子让光宝宝拐弯的吗？

它是怎么让光宝宝拐弯的？

4. 观看课件：光宝宝拐弯。

了解镜子反射可以帮助光宝宝拐弯。

三、让光宝宝拐弯。

1. 请幼儿抬头观察，房顶上有什么？

2. 提问：怎样不用手电对着房顶上的小兔子而让光宝宝照亮它？

可以找谁来帮忙？要怎样做？

3. 请幼儿操作，通过调整镜子的角度，让光宝宝拐弯，照亮房顶上的小兔子。

请幼儿说一说，你有没有照亮房顶上的小兔子？照亮小兔子的时候，镜子是什么样子？

4. 观看PPT《生活中的光反射》，布置课后作业：找一找生活中哪里还有镜子反射的现象。

插　　花
（中班）

教师：付蓓蕾

活动名称

插花

活动目标

1. 通过实验感受改变物体重心、使物体更稳定的方法。
2. 鼓励幼儿大胆猜想和探索。

活动重、难点分析

1. 活动重点：感受改变物体重心、使物体更稳定的方法。

2.活动难点：发现改变物体本身（花茎）的长短，也能达到改变物体重心而使物体更稳定。

重、难点解决策略预设

1.运用PPT来展现自然现象，带领幼儿揭示现象背后的物理原理。

2.引导幼儿动手操作，感受改变物体重心、使物体更稳定的方法。

活动准备

物质准备：花朵，花瓶，水，石头，沙子，橡皮泥，教室中的各种物品，PPT。

活动过程

一、小丑先生提问题。

大班的哥哥、姐姐就要毕业了，小丑来献花，但是发生了一件事情，请看PPT。

提问：花朵刚插进花瓶，花瓶就倒了。请大家帮助小丑想办法，怎样让花插进花瓶还不倒？

二、请你试一试。

1.想一想，有哪些材料可以让花瓶不倒？

2.请幼儿用这些材料做实验，看看能不能成功。也可以在教室中寻找能利用的东西。

3.说一说，你是怎样做到的？用了什么材料？成功了吗？

4.小结：在花瓶里添加材料，让花瓶变重，花瓶可以不倒。

三、小丑遇到新问题，再试一试。

小丑问："我没有这些材料，帮我想一个不用在花瓶里添加材料，而使这个花瓶不倒的方法吧？"

1.观察花枝和花瓶高矮的比例，引导幼儿想出把花变一变，也能让花瓶不倒的方法。

2.用剪枝或折枝的办法试一试。

3.介绍自己使用的什么方法，怎样做到的？是一次就成功了吗？

4.小结：降低花茎的高度，同样可以使花瓶插上很多花还不倒。

四、活动结束。

小朋友们的办法真多，小丑太高兴了。我们一起给大班的哥哥、姐姐送花去吧。

有趣的三脚架

（大班）

教师：金东

活动名称

有趣的三脚架

活动目标

1. 尝试用支撑小棍的方法来解决困难，并发现"三脚架"具有稳定性。
2. 在试验过程中有较好的合作意识并能体验成功的喜悦。

活动重、难点分析

1. 活动重点：通过操作发现、总结"最少用三根小棍才能稳稳地支撑起物体"的科学规律。
2. 活动难点：在试验过程中，能找到系绳子的最佳位置。

重、难点解决策略预设

1. 首先运用玩具帮助幼儿进行操作和体验。
2. 用实物引导幼儿进一步感知。

活动准备

物质准备：小木棍、小竹棍、皮筋、绒绳若干，玩具小锅等每人 1 份，体操棍 30 根、布条若干条，小衣服、小盆若干，画架 1 个，三脚架 1 个，椅子 1 个。

活动过程

一、你该怎么办？

1. 提问：小朋友们马上就要毕业了，老师听说很多小朋友都准备去旅游了。夏季外出经常会遇到大暴雨或者交通堵塞的问题。下雨时因为没有带伞，衣服淋湿了，有什么办法晒干？想喝点热水时，又应该怎么办呢？

（1）幼儿进行猜想和表达。

（2）教师介绍材料，幼儿进一步讨论。

2. 幼儿试验：

教师进行个别辅导，观察有困难的小朋友适时引导。

了解幼儿解决困难的好方法。

3. 经验分享：

提问：你用了什么材料和什么办法把小锅架起来的、把衣服晾起来的？

你用了几根小棍？

请幼儿给大家展示。

4. 提问：谁是用最少的材料做好了架子？并展示给其他幼儿看。

小结：小朋友摆成的这个三角形的架子叫做"三脚架"。

二、合作制作三脚架。

教师：在野外要用真正的小棍去搭建三脚架，那么我们就动手来做一做吧。

1. 教师介绍材料：体操棍 30 根、布条。

提问：你要和谁来制作三脚架？你们想用什么材料？做什么？（是架锅，还是晾衣服，还是搭帐篷）

2. 请幼儿自由组合，组成小组，选择材料，制作一个三脚架，并在架好的三脚架上面放上衣服或者小锅。

3. 幼儿分组进行试验，教师提示大家要互相帮助，合作解决困难。

4. 请每组幼儿交流本组的试验结果，并分享。

三、生活中的三脚架。

教师请幼儿观看 PPT，逐一介绍生活中的三角架，并出示实物请幼儿观察。

提问：为什么大家喜欢使用三脚架？

总结：以后我们在旅游时要想着把东西带全，并且学会解决困难。今天，我们实验了架锅和晾衣服的方法，但是锅放在什么位置最合适，下次我们再讨论。

沙漏游戏

（大班）

教师：金东

活动名称

沙漏游戏

活动目标

1. 通过实验发现沙子的流速与瓶子及瓶口大小之间的关系。
2. 感受沙漏与时间的关系，知道在做事情时要抓紧时间。
3. 能进行大胆猜想和实验，培养观察探索的科学态度。

活动重、难点分析

1. 活动重点：通过观察和实验能发现沙子的流速与瓶口大小、沙子粗细有关系。
2. 活动难点：在观察沙子流速的时候，两组人能够同时将沙漏翻转。

重、难点解决策略预设

运用小组实验以及比较观察的方法，发现不同粗细的瓶子和瓶口大小不同，沙子的流速不一样。

活动准备

物质准备：瓶口一样、大小不一样的饮料瓶每人 1 个，瓶口不一样、瓶子大小一样的饮料瓶每人 1 个，细沙子 4 盘，玉米粒若干，沙漏 1 个，小扫帚 2 把，湿布 1 块，胶条 5 个，剪刀 5 把，漏斗 10 个，一样大小的小碗每两人 1 个，记录表每组 1 张。

活动过程

一、自己做沙漏。

1. 出示一个沙漏。

提问：这是什么？（沙漏）沙漏可以怎么玩？

你们想不想自己做一个沙漏？怎么做个沙漏？

教师提出要求：找个小伙伴，一起做一个沙漏。

看看瓶子是什么样子的？请选择一样的瓶子进行制作，就可以做了。还不清楚的小朋友可以看看书。

2. 幼儿两人一组，制作沙漏。

教师提示幼儿要将两个瓶口对准后，再缠上胶带。

3. 做好沙漏后，幼儿试一试，看看发现了什么？

提问：为什么沙子漏下去有快、有慢呢？（瓶子大小、瓶口大小不一样）

二、流速一样的沙漏。

1. 教师：小朋友发现瓶子大小、瓶口大小不一样，沙子的流速不一样。我想制作一个流速一样的沙漏，应该怎么办呢？（瓶子大小、瓶口大小要一样）

2. 请幼儿按照制作沙漏的同一特征，分成四组。每组选出一名发令员，其他小朋友观察本组沙漏的流速是否一样。

三、粗细不一样的沙漏。

1. 教师出示事先做好的两个沙漏：大小一样，瓶口一样，但是装的材料不一样的两个沙漏，一个是粗沙子，一个是细沙子，请幼儿观察。

2. 提问：你们看看这两个沙漏有什么不一样？

这次你们再猜猜，是粗的漏得快？还是细的漏得快？为什么？

3. 幼儿分组猜想：

幼儿拿出幼儿用书，请幼儿猜想并在相应的位置贴上笑脸。

4. 每组选出两人进行实验，其他幼儿进行观察。

5. 讨论：哪种材料漏得快？

原来细的漏得快，粗的漏得慢。

四、玩沙漏游戏。

1. 提问：沙漏有什么用？（计时）

请幼儿观看 PPT《生活中的沙漏》，并进行介绍。

2. 游戏：看沙漏，做蹲起。

在相同的时间里，我们做的蹲起的次数都不一样。

五、活动结束。

今天我们和沙漏做了这么多游戏。沙漏记时间很好玩，我们回家后也来记录沙漏的时间，帮助我们提高做事情的速度。

让拐弯的瓶子走直线

（大班）

教师：金东

活动名称

让拐弯的瓶子走直线

活动目标

1. 能够根据自己的经验尝试改变物体滚动的路线。
2. 能清楚地描述自己的想法和发现。

活动重、难点分析

1. 活动重点：知道用比较的方法，比较瓶口的粗细。
2. 活动难点：能用不同的辅助物大胆进行尝试。

重、难点解决策略预设

能用不同材质、不同粗细的辅助材料进行实验，发现可以让瓶子改变滚动路线的方法。

活动准备

物质准备：笔筒、酸奶盒、塑料杯子等圆柱体若干，斜坡 4 个，皮筋、纸板、橡皮泥、白布带、长布条、毛巾条、窄扁松紧带、宽扁松紧带等，胶带、剪刀。

活动过程

一、游戏：滚动的瓶子。

教师：今天，我们来玩滚瓶子的游戏。看看你们在游戏的时候，有什么发现？

要求：小朋友站在斜坡后面滚瓶子，瓶子要放在斜坡最高处中间的位置。

1. 幼儿分组进行游戏。

2. 分享自己的发现。

提问：你发现了什么？（两头一样粗的瓶子是直直地滚下来，一头粗一头细的瓶子会拐弯）

你们有什么办法让拐弯的瓶子不拐弯吗？

你怎么知道和上面一样粗呢？（比一比、量一量、围一围）

你们看看桌子上有什么？它们可以帮助瓶子走直线吗？请你拿一个拐弯的瓶子进行试验。

二、让瓶子直直地滚动。

1. 幼儿小组之间互相讨论。

2. 教师：请你们想想用什么材料？怎样固定住材料？当你遇到困难的时候，可以请其他小朋友帮助解决。

3. 你做完一种，看看成功了吗？如果还有时间，可以再试试其他材料。

4. 分享与交流：

提问：你们选择了什么材料？你的皮筋套在了哪边？为什么要套在小的一边？为什么它们都能成功？（把幼儿作品放在前面，一边看一边问）因为，细的一边变粗了。

三、经验拓展。

教师出示事先做好的瓶子。

提问：你们用硬纸卡做的方法和我的一样吗？哪里不一样？我用了什么方法？你们看我做的这个瓶子能直直地滚下去吗？（可以，因为一样粗的，都是不拐弯的）

还有什么材料可以让拐弯的瓶子走直线吗？你们回家后再找一找，试一试。

食品的保质期

（大班）

教师：金东

活动名称

食品的保质期

活动目标

1. 了解食品的生产日期、保质期与人的关系。

2. 知道食品的保质期有长、有短，要在保质期内吃掉食品。

活动重、难点分析

1. 活动重点：了解食品保质期和生产日期的作用。

2. 活动难点：学习看保质期，知道保质期有长、有短。

重、难点解决策略预设

1. 通过寻找食品上的保质期，发现食物都是有保质期的。

2. 通过观察和比较，发现食物的保质期是不一样的。

活动准备

1. 经验准备：有去超市购物的经验。

2. 物质准备：罐头、桂圆、真空包装的花生、牛奶、面包、饼干各 4 袋，装鸡蛋的盒子 1 个，鸡蛋 2 枚，透明玻璃杯 2 个。

活动过程

一、观察过期和不过期的食品。

教师出示两个鸡蛋，请幼儿比较哪个是好的，哪个是坏的？（幼儿通过闻一闻、看一看的方法进行比较）

二、了解食品保质期和生产日期。

1. 了解食品的保质期。

教师在讲台上放一个鸡蛋盒子，请幼儿观察上面的保质期和生产日期。

提问：小朋友找找贴着红点标记的上面有什么？（有数字）

这个数字叫什么？它有什么用？

小结：原来食品都是有保质期的，保质期是告诉我们在这段时间内食品是好的，过了这段时间就会变坏。

2. 了解食品的生产日期。

请幼儿在包装盒上找一找，贴有黄色标记的上面有什么？（日期）

提问：为什么要有这个日期？这个日期表示什么意思？

小结：生产日期就是食品生产的日子，我们从生产日期开始计算到保质期，就知道食品是否过期了。

三、保质期、生产日期与食品的关系。

1. 幼儿分组讨论。

每组小朋友都有一份罐头、桂圆、真空包装的花生、牛奶、面包、饼干，请幼儿分别为这几种食品寻找保质期和生产日期，并各自记录在记录纸上。

2. 幼儿分别将自己观察的结果和本组幼儿进行交流。

提问：你发现保质期的时间都一样吗？

保质期的时间不一样，它告诉了我们什么？

3. 请幼儿按保质期时间的长短分组进行排序。

幼儿说出一种食品的名称，教师就在白板上贴出相应食品的图片。

提问：什么样的食品保质期比较短？什么样的食品保质期比较长？

小结：原来罐头、干果、真空包装的食品保质期都长，而面包、牛奶的保质期比较短。我们要在保质期内吃掉食品，过了保质期的食品就不能再吃了。

四、讨论：怎样避免食品过期？

1. 看食品保质期和生产日期。

2. 每次少买一些食品。

3. 打开袋子的食品，要马上吃掉。

五、结论。

今天我们了解了食品的保质期和生产日期，回家后我们看看家里的食品有没有快到保质期的，要提醒爸爸、妈妈赶快吃掉。

怎样装得更多

（大班）

教师：金东

活动名称

怎样装得更多

活动目标

1. 通过实验发现填满空隙，可以装入更多的物品。

2. 尝试合理利用空间整理物品，丰富生活经验。

3. 自主探索记录操作顺序和结果的方法，培养观察探索的科学态度。

活动重、难点分析

1. 活动重点：发现填满空隙可以装入更多的物品，并能将这一经验迁移到生活中。

2. 活动难点：合理填充空隙，将大小不同的球全部装入瓶中。

重、难点解决策略预设

1. 运用装小球的实验，发现装得多是有顺序的。

2. 将生活中的常用物品试着装进不同的器皿里。

活动准备

物质准备：完全相同的玻璃瓶 4 个，乒乓球、玻璃球、小球若干、小旅行包 2 个及衣服、玩具、洗漱用品、毛巾、药品等物品，抽屉 2 个及毛绒玩具、橡皮泥、棋类、汽车、圆形的彩蛋等物品，大积木 2 套，托盘 2 个，学具 4 盒，记录表每组 1 张，黑板。

活动过程

一、谈话导入，了解活动材料。

1. 今天我们来玩一个"怎样装得更多"的游戏，请你们先来看看桌子上面有什么？

2. 提问：它们的大小一样吗？什么最大、什么最小？

二、游戏"怎样装得更多"。

1. 出示瓶子，提出任务。

提问：你们觉得这些东西可以全部装进这个小瓶里吗？

怎样才能知道能不能装进去？引导幼儿亲自动手尝试。

2. 共同商量记录的方法。

提问：我们要把装东西的顺序和结果记录在这里，可以怎么记？

这里一共有几种东西？如果用符号来表示这几种大小不同的东西可以用什么符号？

符号有了，怎么表示它们的顺序呢？数字要怎么记、记在哪里？

结果记在哪里？可以用什么符号来表示？假如我要先放小豆子、再放乒乓球、最后放玻璃球，可以怎样记录呢？

3. 请每组幼儿取一个瓶子和一张记录纸，试一试怎样可以把它们全部装进瓶子里，把方法和结果记录下来。

4. 将各组记录表粘贴在大表中，请各组幼儿说一说组装的顺序和结果以及在装的过程中的发现：盖上盖子的为成功，请一人贴记录纸、一人把瓶子放在桌子上。

5. 观察哪组成功了？哪组没有成功？讨论为什么？引导幼儿观察先放小豆豆一组的瓶子，先放小豆豆再放小球和大球，小球和大球之间有没有空隙？但是小豆子都被放在最下面了，没有填空隙的东西了。这些空隙被浪费了所以我们没有装进去。思考要怎样装才能全部装进去呢？

6. 引导幼儿再次尝试，怎样可以填满空隙，让东西全部装入小瓶中？（提示幼儿将瓶子里的东西倒进橘色盘子中）

提问：这一次你们是否都成功了？你们是怎么装的？

装入大球后，你发现球和球之间有什么？

装入小球后，那些小球跑到哪里去？这时的空隙和刚才有什么不同？为什么会变小了呢？再装入小豆豆，空隙又怎样了？共同梳理、提升用小的东西填满空隙可以装入更多的东西。

三、生活经验迁移。

1. 提问：在我们生活中有没有需要用到这种填满空隙的方法呢？

2. 展示各组操作材料，提出任务，激发幼儿试一试的愿望。

3. 幼儿分组实践：

第一组：整理旅行包（衣服、玩具、洗漱用品、毛巾、药品、水壶、餐巾纸）。

第二组：在抽屉里整理玩具（毛绒玩具、橡皮泥、棋类、汽车、圆形的彩蛋）。

第三组：在筐里整理积木（各种可以组合的异形积木）。

第四组：在盒子里整理学具（彩色圆柱体、带插孔的圆柱体）。

四、活动结束。

今后我们都可以利用这种方法整理物品，让物品摆放得更加合理。

会站立的铁丝小人

（大班）

教师：杨志琴

活动名称

会站立的铁丝小人

活动目标

1. 通过操作铁丝小人，体验神奇的平衡现象。
2. 愿意参加平衡游戏，能向同伴分享自己在操作中的发现。

活动重、难点分析

1. 活动重点：通过操作感知平衡现象。
2. 活动难点：铁丝小人保持平衡与力臂长短和橡皮泥重量之间的关系。

重、难点解决策略预设

1. 通过观察在竹筏上划船的小人，感知平衡现象。
2. 通过操作直臂长对称小人，感知橡皮泥多少与平衡的关系。
3. 通过操作弯臂或不同臂长的小人，发现两边橡皮泥重量的变化与平衡之间的关系。
4. 小结提升经验。

活动准备

物质准备：积木，橡皮泥，同长直臂、弯臂、不同长直臂、弯臂小人若干，划船小人。

活动过程

1. 出示划船小人提问：小人能站在船上吗？引发幼儿兴趣。
2. 出示同长直臂对称的铁丝小人，请幼儿讨论他能站在积木上面吗？
3. 教师提示幼儿可以让小人手上握住橡皮泥，看看会怎样？
4. 幼儿操作，教师观察幼儿在操作中出现的问题进行启发引导。同时鼓励幼儿可以探索弯臂对称小人，并将自己的发现与同伴分享。教师重点指导幼儿探索放合适重量的橡皮泥，才能使小人平衡站立。
5. 完成的幼儿可以操作力臂不一样长的铁丝小人，使其能站在积木上不倒。
6. 结束：根据幼儿的探索情况进行小结，帮助幼儿梳理和提升经验。（铁丝小人保持平衡与力臂长短、夹角和橡皮泥重量之间的关系）

可爱的小树叶

（小班）

教师：刘玉敏

活动名称

可爱的小树叶

活动目标

1. 初步感知 5 以内数的实际含义，体验数学游戏的乐趣。
2. 尝试手口一致、从左到右点数 5 以内的数量，并说出总数。

活动重、难点分析

1. 活动重点：手口一致点数 5 以内的数量。
2. 活动难点：从左到右点数，并说出总数。

重、难点解决策略预设

1. 通过演示电子课件和摆放小树叶的过程，引导幼儿从左到右点数 1~5 的数量。
2. 运用不同的肢体动作，如拍手、跺脚、拍屁股等，巩固幼儿手口一致点数 5 以内数量。
3. 运用捡树叶游戏，引导幼儿说出树叶总数。

活动准备

物质准备：PPT，磁带，小魔棒、数字卡、小树叶卡片若干，小树叶即时贴每人 1 个，贴有正确指示点的小盘每名幼儿人手 1 个。

活动过程

一、运用 PPT，引导幼儿演唱歌曲《我是一片树叶》，引出活动主题。

1. 提问：这幅画上有什么？

听，这是什么声音？大风把什么从树上刮下来了？

2. 请幼儿扮演小树叶，一起表演歌曲《我是一片树叶》。

二、运用 PPT，引导幼儿感知手口一致、从左到右的点数。

1. 小熊来捡树叶，把小树叶排成一排，教师引导幼儿一起手口一致、从左到右点数 1、2、3、4，说出总数，并出示数字 4。

2. 小鸡来捡树叶，把小树叶排成一排，教师引导幼儿一起手口一致、从左到右点数 1、2、3、4、5，说出总数，并出示数字 5。

三、游戏：捡树叶。

1. 听音乐，运用身体动作，如：拍手或跺脚等，进一步感知 5 的实际含义。

2. 请幼儿每人捡 5 片小树叶，要求：捡一片，数一片，并说出总数。

3. 请幼儿将小树叶放进小盘，排成一排，练习手口一致点数，并说出总数。

四、游戏：神奇小魔棒。

1. 教师讲解游戏的玩法，如：老师利用神奇小魔棒出示数字 4，请幼儿在贴有订正点的盘子里摆出相应数量的小树叶。

2. 变换数字，游戏继续进行。

五、游戏：大风和树叶。

1. 教师扮演大风，幼儿扮演树叶，边说儿歌、边玩游戏。

2. 当被大风抓住的树叶（幼儿），排成一排，大家一起点数其数量，并说出总数。

大风大风吹呀吹，树叶树叶飞呀飞，飞到西，飞到东，快快跑呀无影踪。

比 多 少

(小班)

教师：刘玉敏

活动名称

比多少

活动目标

1. 感知 5 以内数量的多、少和一样多。

2. 尝试运用一——对应的方法，进行多少、一样多的比较。

活动重、难点分析

1. 活动重点：感知 5 以内数量的多、少和一样多。
2. 活动难点：尝试运用一一对应的方法，进行多少、一样多的比较。

重、难点解决策略预设

1. 通过演示 PPT，引导幼儿观察一一对应的比较方法。
2. 通过幼儿自己动手操作学具，帮助幼儿掌握一一对应的比较方法。

活动准备

物质准备：PPT 课件，歌曲《一只小青蛙》，小鱼、小虾和天鹅塑料玩具，蝴蝶和小花图片，盘子若干，比多少作业纸，青蛙头饰和荷叶图片。

活动过程

一、运用 PPT 引导幼儿观察：青蛙与荷叶。

1. 出示 PPT，请幼儿观察并提问：青蛙与荷叶比较，哪个多？哪个少？还是一样多？
2. 通过 PPT 演示，引导幼儿观察一一对应的比较方法。

二、游戏：蝴蝶找花。

教师在小黑板上将蝴蝶摆成一排，请个别幼儿在小黑板上，将小花摆在蝴蝶的下面，进行一一对应的比较。

三、摆一摆，比一比。

1. 请幼儿拿出 3 条小鱼，摆在小猫下面的横线上，与小猫进行哪个多、哪个少、还是一样多的比较。

2. 请幼儿拿出 4 只小虾，摆在小猫下面的横线上，与小猫进行哪个多、哪个少、还是一样多的比较。

3. 请幼儿拿出 5 只天鹅，摆在小猫下面的横线上，与小猫进行哪个多、哪个少、还是一样多的比较。

四、游戏：青蛙跳荷叶。

1. 幼儿扮演小青蛙，听音乐唱歌《一只小青蛙》，歌曲一停，幼儿马上找到一片荷叶站好。提问：小朋友和荷叶谁多？谁少？还是一样多？（一样多）

2. 第二次游戏开始后，教师收起一片荷叶，歌曲停止后，有一个小朋友没有找到荷叶，提问：为什么有一个小朋友没有找到荷叶？引导幼儿说出小朋友多，荷叶少。

3. 第三次游戏开始后，教师添上两片荷叶，歌曲停止后，有一片荷叶上没有小朋友，提问：为什么有一片荷叶上没有小朋友？引导幼儿说出小朋友少，荷叶多。

点数 5 以内的数

(小班)

教师：崔淑萍

活动名称

点数 5 以内的数

活动目标

1. 尝试手口一致进行点数。
2. 喜欢参与数学活动，体验点数游戏的乐趣。

活动重、难点分析

1. 活动重点：点数 5 以内的数。
2. 活动难点：手口一致、不遗漏、不重复地进行点数。

重、难点解决策略预设

1. 通过布制教具"豆荚"的导入及电子课件中动物们的对话，引发幼儿对豆荚菜园的兴趣。
2. 通过创设情境"豆荚菜园"，激发幼儿动手摘豆荚，手口一致点数豆荚的兴趣。

活动准备

物质准备：豆豆菜园（菜园架上有真实的豌豆荚），小盘子人手 1 份，豆豆点数卡片（5 以内）人手 1 份，PPT《菜园》，布制"豆荚"一个。

活动过程

一、数豆豆：感知手口一致进行点数。

1. 教师出示一个布制的豆荚，引发幼儿的活动兴趣。

2. 提问：豆荚里面有什么？请小朋友帮助数一数，有几个豆宝宝？感知 1～3 手口一致点数。

3. 播放第一张有小猫形象的 PPT，提问：

(1) 它是谁？数数它有几个小豆荚？

(2) 请小朋友帮助小猫数一数，有几个豆宝宝？

4. 播放第二张有小猴子形象的 PPT，提问：

它是谁？数一数它有几个小豆荚？请小朋友帮助小猴子数数有几个豆宝宝？

5. 播放第三张 PPT 提出任务请求：请小朋友数数自己卡片上的豆荚中有几个豆宝宝？

二、摘豆豆：尝试手口一致点数 5 以内的数量。

1. 播放第四张 PPT，菜园的主人"小熊"发出邀请：请小朋友到"菜园"中摘豆豆。

2. 接受邀请，小朋友到"菜园"中摘豆豆，然后回到座位上剥豆豆、数数豆豆的操作活动，并将剥好的豆豆通过手口一致点数，放进小熊准备好的小盆中，告诉小熊是几个豆宝宝。

三、品尝豆豆。

1. 教师出示煮好的豆豆请小朋友观察。

2. 小熊请小朋友品尝劳动果实：将手洗干净，自取 5 粒豆豆放在小盘子里吃豆豆。

6 以内的点数——鸡妈妈的蛋

（小班）

教师：任雪梅

活动名称

6 以内的点数——鸡妈妈的蛋

活动目标

1. 能够手口一致点数 5 以内的数量，并能按数取物。

2. 乐于参与游戏活动，大胆回应教师的提问。

活动重、难点分析

1. 活动重点：能手口一致点数 5 以内数量，边数、边说数量，不遗漏。

2. 活动难点：有序地从左至右点数。

重、难点解决策略预设

1. 通过游戏，让幼儿练习手口一致点数，并利用 PPT 展现。

2. 利用 PPT 展示按序点数的方法。

活动准备

1. 经验准备：有点数 5 以内数量物的数学基础。

2. 物质准备：PPT、筐、蛋若干，蛋蛋盘人手 1 个，小鸡操作卡每人 1 套，作业单每人 1 份。

活动过程

一、情景导入活动。

教师出示鸡妈妈，并讲述：小鸡农场有一只快乐的鸡妈妈，每天鸡妈妈都会下很多的鸡蛋，精心地照顾蛋宝宝。

二、游戏：数蛋蛋。

1. 点数 3。

（1）教师播放 PPT（一）：第一天，母鸡妈妈咕咕嗒，咕咕嗒，下了几个蛋。谁来帮助鸡妈妈数一数，鸡妈妈下了几个蛋？教师请一位小朋友（操作电子白板）来数一数（从左边第一个开始一个一个地数）。

（2）教师：蛋宝宝真淘气，骨碌骨碌滚没了，小朋友快来找一找鸡妈妈的蛋（4 个）小朋友数出 4 个蛋，放在小盒里。

2. 点数 4。

（1）教师播放 PPT（二）：第二天，母鸡妈妈咕咕嗒，咕咕嗒，下了几个蛋。谁来帮助鸡妈妈数一数，鸡妈妈下了几个蛋？教师请一位小朋友（操作电子白板）来数一数（从左边第一个开始一个一个地数）。

（2）教师：蛋宝宝真淘气，骨碌骨碌滚没了，小朋友快来找一找鸡妈妈的蛋。（5 个）小朋友数出 5 个蛋，放在小盒里。

3. 教师带领幼儿再次有序地点数：鸡妈妈第二天下了几个蛋？（5 个）小朋友伸出你的右手，从左边第一个开始，一起数一遍。

4. 教师播放 PPT（三）：第三天，母鸡妈妈咕咕嗒，咕咕嗒，下了几个蛋。谁来帮助鸡妈妈数一数，鸡妈妈下了几个蛋？教师请一位小朋友（操作电子白板）来数一数（从左边第一个开始一个一个地数）。

5. 教师带领小朋友再次有序地点数：鸡妈妈第三天下了几个蛋？（6 个）小朋友伸出你的右手，从左边第一个开始，一起数一遍。

三、游戏：捡鸡蛋。

1. 教师：鸡妈妈下了这么多蛋可高兴了，突然它发现这些蛋宝宝都不见了。小朋友看一看，这些小鸡蛋都跑到哪里去了？小朋友快帮鸡妈妈把小鸡蛋都找回来吧！

2. 教师引导幼儿点数。

（1）教师：鸡妈妈第一天下了几个蛋？（4 个）小朋友捡 4 个鸡蛋放在小盒里，（从左边第一个小格开始放）数一数你捡了几个鸡蛋？（教师一边观察，一边引导幼儿点数）小朋友把捡到的鸡蛋送给鸡妈妈。

（2）教师：鸡妈妈第二天下了几个蛋？（5 个）小朋友捡 5 个鸡蛋放在小盒里。（从左边第一个小格开始放）数一数你捡了几个鸡蛋？（教师一边观察，一边引导幼儿点数）小朋友把捡到的鸡蛋送给鸡妈妈。

（3）教师：鸡妈妈第三天下了几个蛋？（6 个）小朋友捡 6 个鸡蛋放在小盒里。（从左边第一个小格开始放）数一数你捡了几个鸡蛋？（教师一边观察，一边引导幼儿点数）小朋友把捡到的鸡蛋送给鸡妈妈。

四、游戏：孵小鸡。

鸡妈妈的蛋找回来了，鸡妈妈开始认真地孵小鸡。

1. 教师播放 PPT（四）：第一天，鸡妈妈孵出了几只小鸡？请小朋友来数一数。（幼儿操作电子白板数一数）教师带领幼儿点数小鸡。请小朋友用小鸡操作卡点数摆放 4 只小鸡。

2. 教师播放 PPT（五）：第二天，鸡妈妈孵出了几只小鸡？请小朋友来数一数。（幼儿操作电子白板数一数）教师带领幼儿点数小鸡。请小朋友用小鸡操作卡点数摆放 5 只小鸡。

3. 教师播放 PPT（六）：第三天，鸡妈妈孵出了几只小鸡？请小朋友来数一数。（幼儿操作电子白板数一数）教师带领幼儿点数小鸡。请小朋友用小鸡操作卡点数摆放 6 只小鸡。

五、活动结束。

听音乐：小朋友把小鸡送给鸡妈妈，结束。

统计生日月份及属相

(小班)

教师：曹群

活动名称

统计生日月份及属相

活动目标

1. 尝试使用统计表，统计小朋友的生日月份和属相。
2. 通过活动促进幼儿之间的友谊。

活动重、难点分析

1. 活动重点：在统计表中填写、记录自己的生日月份。
2. 活动难点：观察、思考小组统计表和汇总表的记录方法。

重、难点解决策略预设

1. 问题导入，引发幼儿的思考。
2. 通过讨论法分析、记录统计的方法。

活动准备

物质准备：幼儿属相的玩具（羊、猴），幼儿名片（照片、出生月份），生日月份表，统计表（每组1份），电子白板月份总表、电子白板属相统计表，歌曲《生日快乐歌》。

活动过程

一、以《生日快乐歌》引出内容，提问：

1. 这首歌是什么时候唱的？

2. 现在是几月？那我问问谁是五月份的生日？有没有其他月份生日的小朋友呢？

3. 有什么办法可以知道几月份该给几个小朋友祝贺生日吗？

二、小组活动：统计生日。

1. 今天我们就来统计一下小朋友的生日月份，这样就可以知道几月份该给谁祝贺生日了？

2. 出示统计表，引导幼儿观察、思考统计表的记录方法：

提问：这张统计表里都有什么？是什么意思？怎么记录？

3. 如果我们要又快又清楚地统计，需要做哪些事情？应该注意什么？（提示幼儿有序合作）

4. 各组幼儿进行小组统计。

三、汇总。

1. 汇总统计表，请幼儿思考：

提问：如果想统计出全班小朋友的生日月份、有几个人，怎么统计呢？（请幼儿讨论并发言）

2. 出示月份汇总统计表，请幼儿观察并讨论应该怎样统计。请各组幼儿按本组统计表报数量，教师填写汇总统计表计数。

四、统计属相。

1. 小朋友们的生日月份统计出来了，我们知道了不同的月份有几个过生日的小朋友了。你们想想，比较一下谁大、谁小呢？有什么标准吗？

2. 你们的生日不一样，你们的属相一样吗？你们都是属什么的？

3. 每个小朋友都带来了自己属相的玩具，如果要统计出每种属相一共有多少人，可以用什么方法？

4. 请相同属相的幼儿把玩具放在一起，进行点数、统计。

五、活动结束。

今天，我们完成了一件非常有意义的事情，咱们把总表和各组的统计表放在一起，看一看。我们知道了全班小朋友每月有几个过生日的，还知道了同一种属相有多少个小朋友。

分类统计

（中班）

教师：刘玉敏

🔵 活动名称

分类统计

🏆 活动目标

1. 感知分类计数的方法。
2. 能排除颜色和形状的干扰进行分类计数。

🌀 活动重、难点分析

1. 活动重点：感知分类计数的方法。
2. 活动难点：排除颜色和形状的干扰进行分类计数。

👝 重、难点解决策略预设

1. 运用电子课件，引导幼儿感知分类计数的方法。
2. 运用幼儿喜爱的玩具小汽车，引导幼儿进行分类计数。
3. 运用难易程度不同的作业单，引导幼儿进一步掌握分类计数的方法。

🎈 活动准备

物质准备：电子课件，电子遥控笔，幼儿作业单，颜色、形状不同的玩具小汽车，各种颜色塑料圈若干，铅笔、橡皮若干。

💗 活动过程

一、引导幼儿观看"划船比赛"电子课件，并提问：

1. 这些小朋友在海里干什么呢？都有什么颜色的船？红、黄、蓝色的船各有几条？
2. 这些船除了颜色不一样以外，还有哪里不一样？
3. 请小朋友看一看，插着三角形、长方形旗子的船各有几条？
4. 请小朋友找一找，插着红色旗子的船有几条？插着黄色旗子的船有几条？插着蓝色旗子的船有几条？

二、游戏：开车度假。

1. 请幼儿每人拿出一辆小汽车，看一看，并和旁边的幼儿说一说：自己的车是什么车？是什么颜色的？

2. 请幼儿按地上所贴箭头的方向开车。红灯亮时，小汽车就要停下来；绿灯亮时，小汽车就可以开起来了。

3. 听教师指令，小汽车按照车的颜色停入指定的"停车场"。

请小朋友数一数，每种车分别有几辆？选出一位小朋友到前面拿出数字给大家看，教师和其他小朋友帮助他们判断是否正确。

4. 小汽车继续开车去度假。

5. 听教师指令，请幼儿根据小汽车的形状，把车停在指定的"停车场"。再数一数每种形状的车各有几辆？请一位小朋友拿出数字卡给大家看，教师和其他小朋友帮助他们判断是否正确。

6. 幼儿可与同伴交换手中不同形状的小汽车，再玩一次游戏。

三、游戏：数笑脸。

1. 教师出示一张作业单，为幼儿讲解做练习的要求。

2. 请幼儿每人自选一张作业单，看一看不同形状、颜色的笑脸各有几个？用铅笔把相应的数字圈出来。

3. 幼儿分组自选作业单做练习（难易程度不同），教师进行个别巡视、指导。

4. 幼儿做完一张作业单后，还可以另选一张作业单做练习。

数的守恒

（中班）

教师：刘玉敏

活动名称

数的守恒

活动目标

1. 感知数的守恒概念。
2. 知道等量物品的数量不因排列方式的变化而改变。

活动重、难点分析

1. 活动重点：感知数的守恒概念。
2. 活动难点：知道等量物品的数量不因排列方式的变化而改变。

重、难点解决策略预设

1. 通过 PPT 演示，引导幼儿观察数量的守恒。

2. 通过幼儿人手两张操作材料，引导幼儿感知数量不因排列方式不同而改变。

活动准备

物质准备：PPT 课件《小朋友比多少》、《不同队形比多少》，手拉手小人图片每人一张（人与人之间间隔距离大小不同）、排列形式不同的红色圆形即时贴若干，10 以内小动物守恒卡片若干。

活动过程

一、小朋友排排队。

1. 出示 PPT 课件《男女孩比多少》，请幼儿观察。

提问：请你看看，这上面是男孩多、还是女孩多？为什么？

用什么方法可以知道到底是男孩多、还是女孩多？

PPT 演示幼儿说出的方法。

2. 出示手拉手小人，请幼儿拿出一张跟旁边的小朋友比一比，看看谁的纸条上的小人多？谁的纸条上的小人少？为什么？你是用什么方法知道的？

二、队形变一变。

1. 出示 PPT《美丽的队形》，请幼儿观察，提问：看一看这些跳舞的小朋友都排成了什么样的队形？哪一队的小朋友人数多？哪一队的小朋友人数少？用什么方法可以知道？

2. 请幼儿操作排列形式不同的红色圆形即时贴，用不同的方法比较多少。

3. 提问：你们是用什么方法比较的？结果是怎样的？用 PPT 演示幼儿比较的方法。

三、比比小动物。

1. 请幼儿将自己的小动物卡片摆在桌子上观察。

提问：卡片上是什么小动物？谁的卡片上小动物数量多，谁的卡片上小动物数量少？请你们快速看一看，哪组最先知道？

2. 提问：哪组小朋友能说一说，你们是怎么知道的？结果是怎样的？

抓　豆
（中班）

教师：冯薇

活动名称

抓豆

活动目标

1. 能手口一致地点数物品，并说出物品的总数。
2. 尝试用多种方法比较两种物品的多少。

3. 探索发现抓的豆子大则数量少，抓的豆子小则数量多。

活动重、难点分析

1. 活动重点：能手口一致点数，并用多种方法对两种物品进行量的比较。
2. 活动难点：发现抓豆时豆子大小与数量的关系。

重、难点解决策略预设

1. 通过抓豆豆、分豆豆、数豆豆，引导幼儿手口一致点数，并对两种物品进行量的比较，突出活动的重点。
2. 引导幼儿用不同的方法比较多少，突出活动的重点。

活动准备

物质准备：花生豆、蚕豆、白芸豆若干，竹筐，数字卡。

活动过程

一、许多豆宝宝抓一抓。

1. 请每位幼儿抓一把豆宝宝，并将豆子分到每个小格里。

提问：数一数，每种豆子抓了几颗？

用其中的两种豆子比一比，哪种豆子抓得多、哪种豆子抓得少？

你是用什么方法进行比较的？

2. 再抓一次豆子，将每种豆子分到小格里。

提问：数一数每种豆子抓了几颗？

比一比，三种豆子哪种豆子永远是最多的？哪种豆子永远是最少的？哪种豆子比少的多，比多的少？

3. 将豆子放回筐里，然后再抓一次豆子，并将每种豆子分到小格里。

提问：数一数每种豆子抓了几颗？

选一种豆子和旁边的同伴比一比，看看谁的多，谁的少？为什么？

二、每种豆宝宝抓一抓。

1. 引导幼儿将豆宝宝分类，分别放进三个竹筐。

2. 请幼儿分别从三个竹筐中各抓一把豆子，逐个数一数。

提问：你抓了多少颗白芸豆？请幼儿将相应的数字卡摆在白芸豆的格子里。

你抓了多少颗蚕豆？请你找出相应的数字卡，摆在蚕豆的格子里。

你抓了多少颗花生豆？请你找出相应的数字卡，摆在花生豆的格子里。

3. 三种豆豆比一比，哪种最多？哪种最少？

4. 将豆子放回后，再每种豆子抓一把。数一数，每种豆子分别抓了多少颗？并将相应的数字卡放进格子里。

三、探索发现豆子小抓得多，豆子大抓得少。

1. 提问：请你看看豆子的数量，你发现什么了？引导幼儿发现豆豆小抓得多，豆豆大抓得少。

2. 提问：如果我把花生换成更小的豆豆，会抓的多还是抓得少？

3. 提问：如果我把蚕豆换成更大的豆豆，会抓的多还是抓得少？

面积守恒

（大班）

教师：刘玉敏

活动名称

面积守恒

活动目标

1. 了解面积的几种比较方法。
2. 能排除摆放形式及形状的干扰，感知面积的守恒。

活动重、难点分析

1. 活动重点：了解面积的几种比较方法。
2. 活动难点：能排除摆放形式及形状的干扰，感知面积的守恒。

重、难点解决策略预设

1. 通过电子课件的演示，使幼儿直观看到不同图形面积的守恒。
2. 为幼儿准备大小、颜色不同的几何形纸，供幼儿动手操作，帮助幼儿排除摆放形式及形状的干扰，比较其面积的守恒。
3. 为每个幼儿提供一张作业纸，进一步帮助幼儿感知不同图形面积的守恒。

活动准备

物质准备：电子课件，各种图形、作业纸，小画板，水彩笔，胶棒，每人大小相同、颜色不同的红、蓝纸各 2 张，剪刀 1 把。

活动过程

一、情景导入，激发幼儿兴趣。

1. 播放电子课件：

小猪快过生日了，猪妈妈买回两块"地毯"。

小猪问妈妈："这两块地毯哪块大？哪块小呀？"

猪妈妈问："你说呢？"小猪回答："我也不知道。"

2. 提问小朋友：这两块"地毯"一样大吗？

有什么办法可以知道这两块"地毯"是不是一样大呢？

请幼儿动脑想一想，再动手试一试。

二、幼儿分组操作，感知面积守恒的意义。

1. 运用不同方法，比较"地毯"大小。

幼儿每人大小相同、颜色不同的红、蓝纸各两张、剪刀一把，进行操作、尝试。

2. 请幼儿交流自己的操作过程及结果。

3. 教师播放电子课件并小结：可运用点数、重叠、改变图形摆放形式及形状等方法，比较出图形面积的大小。

三、竞赛游戏：看谁找得对又快。

1. 请每组小朋友仔细观察教师所出示的图形，然后从本组几种图形中，找出和教师出示的图形面积一样的，贴在小画板上，并举起给大家看。

2. 找得又快又对组为获胜，并赢得一只漂亮的小蝴蝶，贴在本组小画板上。

四、作业纸。

1. 要修补这些房子的漏洞，哪两座房子的砖头是一样的？

2. 它们占的地方一样多吗？把一样的圈起来，说说为什么？

解密电话号码

（大班）

教师：崔淑萍

活动名称

解密电话号码

活动目标

1. 尝试进行 20 以内加减运算。
2. 体验数字在生活中的应用。
3. 体验用数学解决生活中困难的乐趣。

活动重、难点分析

1. 活动重点：尝试进行 20 以内的加减运算。
2. 活动难点：尝试用多种方法解密电话号码。

重、难点解决策略预设

1. 通过电子课件创造问题情景，引发幼儿思考问题。

113

2. 通过问题导入，引发幼儿社会交往的需要，激发幼儿解密和创编电话号码的兴趣。

活动准备

1. 经验准备：会拨打手机和电话、知道家庭电话号码或父母的电话号码。

2. 物质准备：PPT《老师真好》，小组作业单"解密电话号码"，个人作业单"猜猜我的电话"。

活动过程

一、播放 PPT《老师真好》，创造问题的情景，提出问题：

1. 小朋友们马上就要毕业了，可以用什么方式和老师取得联系？

2. 电话或者手机上面的数字有哪些呢？

3. 播放 PPT，演示数字：0～9，请小朋友认读。

二、游戏：解密电话号码。

1. 教师分别说出三个数字，请幼儿根据这三个数字编出三道算术题。

2. 播放 PPT，讨论小组作业单"解密电话号码"的使用方法。出示和手机号码有关系的加减法题卡导入："老师手机号码的每个数字都是一道算术题，将得数算出来，连起来的一组数字就是老师的手机号码。"

3. 幼儿分组进行解密手机电话号码。

4. 先做完的小组先来打电话，猜猜是哪位老师的手机。

三、作业单"猜猜我的电话"。

玩法：每人一张电话题卡纸张作业，将得数算出来、连起来的一组数字就是小朋友的电话号码，幼儿说出号码，看看是谁的电话号码。

四、游戏：请和我联系。

1. 请幼儿仿编加减应用题，引导幼儿互相留电话的愿望。

2. 教师出示空白题卡，请幼儿先在上面写上自己的名字和电话，再根据自己家的电话号码创编加减算术题。

3. 幼儿互相交换自己的题卡并进行运算。

4. 幼儿相互验证电话号码是否正确。

排 一 排
（大班）

教师：曹群

活动名称

排一排

活动目标

1. 比较物品轻重并按重量进行排序。
2. 了解">"、"<"的意义，尝试利用">"、"<"比较重量。

活动重、难点分析

1. 活动重点：能够通过实际称重感知物体重量，并进行排序。
2. 活动难点：理解">"、"<"与重量的关系。

重、难点解决策略预设

1. 通过玩天平游戏，引发幼儿的思考。
2. 通过称体重进行比较的方法理解难点。

活动准备

物质准备：PPT课件，天平学具及重量不同的小熊每组1份，电子体重秤每组1个，记录纸每组1张。

活动过程

一、活动导入。

1. 出示重量不同的小熊，猜猜谁轻、谁重？为什么？用什么办法知道它们的重量？
2. 出示天平，请小朋友观察桌上有什么？（天平、砝码）试一试每只小熊到底有多重？用数字记录下来，并按照由轻到重，或者由重到轻进行排序。

二、展示实验结果。

1. 教师将各组记录结果照下来，放到白板上展示。
2. 请幼儿观察哪组是按由轻到重排序的？哪组是按由重到轻排序的？
3. 利用白板拖动功能将相同的结果分组，并确认是否正确。

三、引出小朋友之间体重的比较。

1. 展示幼儿体检时称体重的照片，请幼儿看一看我们小朋友在做什么？（称体重）
2. 咱们小朋友之间也比一比轻重吧！（教师请出2个个子、胖瘦相仿的幼儿，请幼儿猜测他们谁重谁轻？怎么能知道他们到底有多重呢？出示电子体重秤）
3. 请2位幼儿分别站到秤上，将重量数字用投影仪打在白板上。请幼儿感知谁重、谁轻？（数字大的就重）出示">"，开口朝向重的一方，表示他重。两人调换位置，出示"<"。
4. 出示记录纸和">"、"<"，讲解记录方法。请各组幼儿用电子体重秤称重，并将数字记录在纸上，进行比较，排出顺序。

5. 教师将结果照下来，并分享在白板上。

教师：小朋友的体重有轻、有重，那老师们的体重也一样，我们下次就来给老师们称一称体重，排排序好吗？

6. 咱们都统计出各组谁最重、谁最轻了。那怎么能知道全班谁最重、谁最轻呢？请幼儿思考（比较各组最重小朋友的体重数字，最大的就是全班最重的；比较各组最轻小朋友的体重数字，最小的就是全班最轻的）。白板展示，教师操作出结果。

四、结束部分。

小结：今天小朋友不但给小熊称重排序，还给我们自己也称重排序了，真棒！下次请你们给老师们的体重来排序，看看谁最重？谁最轻？

6 艺术领域

音　乐
打击乐《哈巴狗》
(小班)

教师：刘靖薇

活动名称

打击乐《哈巴狗》

活动目标

1. 通过多种方式感受节奏型，并体验用两种乐器为熟悉的歌曲进行伴奏。
2. 喜欢参与打击乐活动，体验音乐活动带来的乐趣。

活动重、难点分析

1. 活动重点：尝试独自观看节奏型图谱，并感受其节奏型。
2. 活动难点：通过观看图谱，用两种乐器为熟悉的歌曲进行伴奏。

重、难点解决策略预设

1. 通过身体动作感受节奏型，通过观看图谱感受节奏型，通过声势感受节奏型。
2. 运用乐器伴奏感受节奏型。

活动准备

物质准备：PPT 节奏型图谱，《哈巴狗》歌曲，响板、串铃若干，小狗头饰 10 个。

活动过程

一、开始部分。

幼儿扮演小狗，听《哈巴狗》的歌曲，边表演、边进入活动室。

二、基本部分。

1. 感受节奏型。

（1）看图谱，感受节奏型。

小朋友们，小狗是怎么叫的呢？它的节奏是什么样呢？教师出示节奏图谱××，请你用小手拍一拍。

（2）那小狗是怎样走路的呢？教师出示节奏图谱×××，小朋友模仿小狗走路。

（3）看两小节图谱，请幼儿跟着教师完整地说歌词、拍节奏。

2. 运用声势感受其节奏型。

（1）请幼儿为小狗的叫声伴奏（拍腿），教师为小狗走路伴奏（拍手）。

（2）交换角色请幼儿为小狗走路伴奏（拍手），教师为小狗走路伴奏（拍肩）。

3. 用乐器为歌曲进行伴奏。

（1）教师分别出示两种乐器，请幼儿用两种乐器为歌曲进行伴奏。

出示两种乐器，提问：你们认识它们吗？你们觉得它们谁可以为小狗的叫声伴奏？谁可以为小狗的走路伴奏呢？

（2）出示图谱，这两种小乐器也有一个好看的节奏图谱，你们来看看并用手拍一拍这个小乐器图谱。

4. 为歌曲进行伴奏。

（1）请幼儿自选乐器，分两部分坐好（响板、串铃），看指挥为歌曲进行伴奏。分组进行练习，再合奏。

（2）交换乐器再次为歌曲伴奏。

三、结束部分。

幼儿分成两组，一组表演，一组用乐器伴奏，自然结束。

歌曲《小蜂窝》

（小班）

教师：冯薇

活动名称

歌曲《小蜂窝》

活动目标

1. 理解歌词，尝试完整地演唱歌曲。

2. 喜欢参与音乐游戏，体验音乐游戏的乐趣。

活动重、难点分析

1. 活动重点：理解歌词，完整演唱歌曲。
2. 活动难点：记忆歌词。

重、难点解决策略预设

1. 教师演唱歌曲，幼儿欣赏，为幼儿学唱打下基础，初步解决活动中的重、难点。
2. 以提问和出示 PPT 图卡的形式，帮助幼儿记忆歌词，解决活动中的难点。

活动准备

物质准备：歌曲，PPT。

活动过程

一、活动引入，发声练习。

1. 入场：《十个印第安小男孩》。
2. 发声练习《一二三四五》。

二、理解歌词，初步学唱歌曲。

1. 教师边出示 PPT 课件，边提问。

（1）提问：小蜜蜂的家在哪里？

出示小蜂窝图片，告诉幼儿今天学习的歌曲名称《小蜂窝》。

（2）教师演唱歌曲，幼儿欣赏。

（3）提问：歌曲的名字叫什么？

歌曲里都唱到了什么？

歌曲里是怎么唱的？

引导幼儿用歌词回答问题，熟悉和理解歌词。

2. 看图片，学唱歌曲。

（1）教师引导幼儿边看图卡、边分句学唱歌曲。

（2）看图卡尝试完整演唱歌曲。

三、游戏：小蜂窝。

1. 幼儿分男孩、女孩，先由女孩子扮演花朵，男孩子扮演小蜜蜂。幼儿完整演唱歌曲并进行身体律动，当唱到"嗡——"的时候男孩子分散，躲到女孩子身后藏起来。

2. 两组交换，男孩子扮演花朵，女孩子扮演小蜜蜂进行游戏。

3. 所有小朋友都扮演蜜蜂，教师当花朵，幼儿进行游戏。

四、结束：葡萄牙舞曲退场。

音乐歌曲《小船》

（中班）

教师：刘靖薇

🔵 活动名称

音乐歌曲《小船》

🏺 活动目标

1. 感受 3 拍子歌曲，并能完整演唱。
2. 喜欢演唱歌曲并感受其舒缓、优美的旋律。

活动重、难点分析

1. 活动重点：感受 3 拍子歌曲，并能完整演唱。
2. 活动难点：能够感受 3 拍子歌曲的节奏特点，并有感情地演唱歌曲。

重、难点解决策略预设

1. 利用节拍图谱和肢体动作感受、对比 2 拍子和 3 拍子乐曲节拍的不同。
2. 依据图片学说歌词，并用肢体动作感受 3 拍子节拍特点。
3. 运用肢体动作体验歌曲的优美旋律，增强幼儿对歌曲的喜爱之情。

🎈 活动准备

物质准备：两拍子、三拍子图谱，歌词图片，钢琴。

♡ 活动过程

一、开始部分。

1. 幼儿听 3 拍子乐曲《小船》旋律，做三步舞步进入教室。
2. 发声练习：《问好歌》。

二、基本部分。

1. 对比 2 拍子和 3 拍子歌曲的区别。

（1）演唱 2 拍子歌曲《剪羊毛》第一段，并出示节拍图谱××｜。

（2）出示 3 拍子节拍图谱×××｜，听乐曲《小船》，幼儿感受 3 拍子的特点。

提问：你们觉得 3 拍子乐曲和 2 拍子歌曲有什么不同？3 拍子应该怎样拍？

（3）小朋友一边拍、一边说：强弱弱。

2. 学唱歌曲《小船》。

（1）教师示范演唱歌曲。

提问：歌曲叫什么名字？

你听了这首歌曲有什么感觉？

歌曲里都唱了些什么呢？

（2）幼儿边说、边出示图片，学说歌词。

（3）打 3 拍子节奏学说歌词。

（注意引导幼儿说歌词时突出 3 拍子节拍特点强、弱、弱）

3. 跟随教师弹奏乐曲，边做声势、边朗诵歌词。

4. 幼儿跟随教师尝试完整地演唱歌曲。

5. 教师与幼儿有感情地演唱歌曲，注重 3 拍子节奏。

6. 分段演唱歌曲（分男、女孩演唱）。

三、表演：划船。

1. 请幼儿自己模仿划船的动作，边演唱、边表演。

2. 两人一起划船边演唱、边表演。

3. 交换伙伴再次演唱、表演，自然结束。

音乐歌曲《吹泡泡》

（中班）

教师：刘靖薇

活动名称

音乐歌曲《吹泡泡》

活动目标

1. 感受休止符的空拍，并在理解歌词内容的基础上完整学唱歌曲。

2. 喜欢演唱歌曲，并体会歌曲带给人愉悦、欢快的情感。

活动重、难点分析

1. 活动重点：充分理解歌词内容，完整学唱歌曲。

2. 活动难点：感受休止符的空拍。

重、难点解决策略预设

利用发声练习、提问引导、学说歌词、肢体动作引导幼儿感受休止符的空拍。

活动准备

物质准备：PPT 课件，钢琴，吹泡泡玩具，小音箱。

活动过程

一、开始部分。

1. 律动：我是快乐的小泡泡。

幼儿扮演成小泡泡，听音乐《吹泡泡》，飞进活动室。

2. 发声练习。

《小动物在唱歌》

听，小猫在唱歌：喵喵、喵喵、喵喵。

听，小狗在唱歌：汪汪、汪汪、汪汪。

听，小鸡在唱歌：叽叽、叽叽、叽叽。

二、基本部分。

1. 玩"吹泡泡"的游戏，请幼儿看一看，泡泡是什么样子的？

提问：刚才我们和泡泡做了游戏，你们看见泡泡是什么样子的呢？

2. 学唱歌曲《吹泡泡》。

（1）教师完整演唱歌曲《吹泡泡》，请幼儿欣赏。

提问：这首歌曲叫什么名字？

这首歌曲中都唱了些什么呢？

听完这首歌曲，你有什么感觉？

老师在唱的时候，你听到哪里有停顿的地方吗？

（2）出示 PPT 课件，引导幼儿理解并学说歌词。

听乐曲的旋律学说歌词。

（3）幼儿完整演唱歌曲。

（4）分男、女孩演唱歌曲。

3. 音乐游戏：抓泡泡。

听歌曲表演，当唱到泡泡的时候，要停住做一个动作。歌曲停后，小泡泡要全部蹲下，这样就不会被抓住。游戏反复进行。

三、结束部分。

被抓住的小泡泡停止游戏，自然结束。

音乐欣赏《猎熊》

（大班）

教师：王朔

活动名称

音乐欣赏《猎熊》

活动目标

1. 欣赏音乐，感知音乐中情绪、速度、声音的变化。
2. 能够倾听音乐的变化用动作大胆表现。

活动重、难点分析

1. 活动重点：能够根据音乐性质大胆创编动作并进行表现。
2. 活动难点：感知音乐中情绪、速度、声音的变化。

重、难点解决策略预设

1. 利用背投播放不同环境背景图，引导幼儿大胆进行创编，并给予积极的鼓励。
2. 运用故事帮助幼儿理解和感受音乐的变化。

活动准备

物质准备：PPT，律动音乐。

活动过程

一、表演并感受音乐。

倾听音乐，教师根据音乐的情景，引导幼儿用动作来表现抚摸小动物的样子。

1. 小老鼠：用手掌托起，用一根手指摸一摸……
2. 小兔子：用手臂托起，用三根手指摸一摸它的耳朵……
3. 小狗：有膝盖那么高，我们用手摸一摸……
4. 羊：站起来，有胸那么高……
5. 大象：走得很慢，从左到右摸身体，从上到下摸腿……

二、欣赏音乐，引导幼儿感受音乐的节奏变化。

1. 请幼儿欣赏音乐，感受音乐开始到结束的节奏变化。
2. 提问：音乐的节奏有什么变化？
3. 再次欣赏音乐，幼儿随着音乐的节奏变化自由表现。
4. 引出故事：老师今天想和小朋友一起利用这段音乐，来给一段故事进行配乐与表现。

三、回忆故事，创编动作。

1. 引导幼儿回忆故事中主人公经过的场地，每说出一个，教师在电子白板中显示其图片。
2. 请幼儿根据每个场景创编行走的姿势（重点引导幼儿创编多种姿势）。

（1）我们跟着胆小鬼走，我们怎么过草地？

（2）我们怎么过小河？

（3）我们怎么穿过森林？

（4）遇到泥巴地，我们怎么走？

（5）我们怎么爬过雪山？

（6）重点引导幼儿遇到熊后往家跑，注意要按照场景相反的顺序回去。

四、请小朋友伴随音乐用动作表现。

1. 讨论：去的时候，胆小鬼的心情和遇到熊后逃回家的心情一样吗？表情和动作是什么？

2. 引导幼儿完整地跟随音乐表演故事，并感受每一个新的乐句，代表胆小鬼就到了一个新的场景。

3. 幼儿围成一个大圆圈，再次完整地跟随音乐进行故事自主表现。

五、小结，自然结束。

节奏与节拍

（大班）

教师：李环

活动名称

节奏与节拍

活动目标

1. 感知节奏、节拍与固定节奏合作的乐趣，提高幼儿节奏感。

2. 感受八分音符、十六分音符的节奏特点。

3. 体验合作的快乐。

活动重、难点分析

1. 活动重点：节奏、节拍、固定节奏的合作。

2. 活动难点：（1）十六分音符的掌握；（2）创编新的固定节奏。

重、难点解决策略预设

1. 出示节拍、节奏，引导幼儿逐步来进行练习。

2. 复习十六分音符，唱出十六分音符的节奏。

3. 歌曲的回忆，帮助幼儿拍出节奏。

活动准备

物质准备：PPT，律动音乐，节奏棒。

活动过程

一、开始部分。

听律动音乐，和教师一起自由表演，进入活动室。

二、基本部分。

1. 节拍、节奏游戏。

（1）逐一出示每小节节奏的PPT，请幼儿拍出节奏。

一起跳舞真开心，放牛娃好高兴，他也来了，我们拍拍看吧！

（2）重点练习十六分音符。用象声词唱出十六分音符，边唱边敲击乐器。

（3）请幼儿完整地将节奏谱拍出。

2. 利用歌曲进行节奏活动。

（1）幼儿回忆歌曲《牛歌》，一边唱出歌词，一边用节奏棒敲出节奏。

（2）出示PPT，幼儿拍奏节拍为歌曲伴奏。

看你们玩得那么开心，牛儿也着急了。看，它来了。请你们来拍出节拍。

（3）出示前奏部分，请幼儿尝试伴奏。

今天请小朋友自己试一试，为歌曲前奏配伴奏。

（4）选出一名幼儿演奏前奏，其他幼儿进行整体演奏。

（5）请幼儿分成两组，教师出示PPT，幼儿一组拍节奏，一组拍节拍，再两组一起合奏。

3. 幼儿创编节奏。

（1）牛儿和放牛娃一起真开心，其他小动物看得也很开心，开心地唱出了一个新的节奏型，你们来猜猜是什么节奏型呢？请小朋友用节奏棒敲出来。

幼儿创编节奏，请小朋友模仿创编的节奏型。

（2）请幼儿三人一组，一人敲节拍，一人敲节奏，一人敲固定节奏，其中一人兼顾敲出前奏，进行合作。

4. 请幼儿表演。

（1）请敲固定节奏的幼儿放下手中的节奏棒，想一想将其改为动作、声势表现出来，可以怎么做？

（2）幼儿尝试，小朋友之间进行分享。

三、结束游戏。

幼儿拿节奏棒听音乐，一起敲出节拍，两人一组进行律动游戏。当音乐进行到一个固定音时，前面两名幼儿面对面地随意做出一个造型。

歌曲《蜗牛与黄鹂鸟》

（大班）

教师：王朔

活动名称

歌曲《蜗牛与黄鹂鸟》

活动目标

1. 有感情地演唱歌曲，感知切分音的节奏。
2. 能根据歌曲的内容，分角色演唱歌曲。

活动重、难点分析

1. 活动重点：能根据歌曲的内容，分角色演唱歌曲。
2. 活动难点：能唱准带有切分音的节奏。

重、难点解决策略预设

1. 教师示范唱，并进行语言讲解。
2. 引导幼儿根据故事发展情节，用适合的情感演唱歌曲。
3. 引导幼儿分析黄鹂鸟和蜗牛对唱的部分。

活动准备

物质准备：PPT，钢琴。

活动过程

一、开始部分。

1. 两名幼儿（可以一名男孩、一名女孩）一组，边演唱《小白船》、边跳三拍子舞步，进入活动室。

2. 发声练习：运用小鸟的情景进行发音练习。小鸟怎样叫，喳喳喳喳喳。

二、基本部分。

1. 了解歌曲《蜗牛与黄鹂鸟》。

（1）示范演唱歌曲《蜗牛与黄鹂鸟》。

（2）提问：歌曲叫什么名字？歌曲里都有谁？

歌曲中唱了什么？请小朋友说一说。

（3）幼儿边说、边出示 PPT，帮助幼儿记住歌词，完整朗诵歌词。

（4）你们觉得这首歌和我们学过的歌曲有什么不一样的地方？

为什么每句前两个字都会有一个"阿"，讲解这首歌的民族特色。

2. 演唱歌曲。

（1）引导幼儿根据 PPT 中的图示，完整演唱一遍歌曲。

感受切分音将节奏带入歌词，引导幼儿进行试唱。

（2）幼儿跟随伴奏完整演唱歌曲。

（3）引导幼儿分析，哪句是蜗牛与黄鹂鸟对话？

（4）幼儿演唱蜗牛和黄鹂鸟的部分。

（5）幼儿分三组表演：一组表演唱旁白，一组表演唱黄鹂鸟，一组表演唱蜗牛。

三、结束游戏。

欣赏《百鸟朝凤》乐曲，幼儿自由表演，自然结束。

卡农演唱《春天在哪里》

（大班）

活动名称

卡农演唱《春天在哪里》

活动目标

1. 在歌曲中感受卡农的唱法，体验卡农演唱的有趣。
2. 感知歌曲的多种唱法，能够尝试用多种演唱形式来表现歌曲，喜欢不同的艺术形式。

活动重、难点分析

1. 活动重点：体验多种演唱方法；尝试自己总结出如何在卡农的结束部分，使两声部同时完成。
2. 活动难点：歌曲与卡农地方的连接部分，唱出两部卡农，尝试三部的卡农。

重、难点解决策略预设

1. 在发音练习中感受接唱。
2. 引导幼儿利用已有的经验，来进行多种形式的演唱。
3. 通过视频，让幼儿直观感受，在哪里开始，在哪里结束。
4. 通过教师的指挥以及提示幼儿卡农演唱的进行。

活动准备

1. 经验准备：已会演唱歌曲《春天在哪里》。
2. 物质准备：PPT，律动音乐。

活动过程

一、开始部分。

1. 幼儿边演唱歌曲《春天在哪里》，边自由表现春季的一种事物、边进入活动室。

2. 发音练习：

上行：1、2、3、4、5一直到高音 do 幼儿用"啦"音演唱。

下行：5、4、3、2、1一直到中央 c 幼儿用"哩"音演唱。

综合练习：1、2、3、4、5，5、4、3、2、1教师演唱上行，幼儿演唱下行。

二、基本部分。

1. 复习歌曲《春天在哪里》，感知多种演唱形式。

要求：演唱第一组"嘀哩哩"时，最后一个音要短，第二组"嘀哩哩"时，最后一个音要唱满两拍。

2. 尝试用多种演唱形式来表现歌曲。提问：我们还可以怎么来演唱这首歌曲？幼儿讨论并选择一种形式来演唱。

3. 体验卡农的唱法。

（1）用卡农的唱法来演唱歌曲中间部分"看见红的花……还有那会唱歌的小黄鹂"。

（2）幼儿分成两部分，一部分先开始，另一部分在第二句开始。

（3）讨论：我们是同时停止的，还是分着停止的？

（4）出示 PPT，观察两部分起、止都在哪里。如何让两组同时停止？

（5）幼儿练习卡农的演唱。

4. 可提高卡农的难度，将幼儿分成三个部分，进行卡农演唱。

幼儿反复练习。

三、结束部分。

双圈舞《春天在哪里》，自然结束。

音乐节奏游戏——节奏火车

（大班）

教师：李环

活动名称

音乐节奏游戏——节奏火车

活动目标

1. 学习音乐节奏游戏，知道游戏的玩法。

2. 喜欢参加音乐游戏活动，在游戏活动中主动参与，大胆表现。

活动重、难点分析

1. 活动重点：掌握节奏、间奏或动作连续不断的游戏方式。

2. 活动难点：

（1）能够连接好间奏与动作或是间奏与节奏的部分。

（2）能够准确地用动作表现四拍的节奏，不多拍，不少拍。

重、难点解决策略预设

1. 通过体验游戏，初步感知连接部分。

2. 通过主动地探索，初步了解游戏的玩法，知道游戏中的规律及要求。

3. 通过做声势的练习，为下一步四拍动作做准备。

活动准备

物质准备：节奏卡，音乐《跟我走》、《小不点之歌号列车》，节拍器。

活动过程

一、开始部分。

热身游戏："跟我来"。

幼儿们站成一个半圆，当音乐响起，一名幼儿为领队，做出一个动作，其他幼儿立即模仿其动作。第二段音乐，领队的幼儿站到队尾，下一名幼儿当领队，游戏反复进行。

二、基本部分。

1. 感知节奏游戏。

（1）探索游戏玩法：今天我们当一列节奏火车，在我们这列节奏火车中每一个小朋友都是一节车厢，请看一看我们这列节奏火车吧。

（2）两名教师听音乐为幼儿演示玩法。

（A 拍四拍 B 间奏四拍 A 拍四拍）

（3）请三名幼儿尝试玩节奏火车游戏。

（4）讨论：我们这个游戏是怎么玩的？有什么规律吗？

我们每个人拍了多少拍？

（5）教师示范节奏部分，请幼儿按节拍器数拍子。

中间没有拍的部分"间奏"有几拍？

教师示范节奏部分，请幼儿按节拍器数拍子。

2. 难点部分的感知与尝试。

（1）大家一起来听音乐。

（2）请幼儿将四拍自由变换成各种声势或动作。全体听音乐尝试。

（3）再次看两名教师的示范。

A 拍四拍 B 节奏 C 做四拍动作。

（4）请两人一组尝试。

（5）请一组上前表演。

3. 讨论：你觉得有什么规律？

4. 游戏：节奏火车。

（1）全体幼儿一起听音乐来玩游戏。

（2）分成男孩、女孩两组来玩游戏。

三、结束游戏："小不点之歌号列车"。

小朋友做小火车，听音乐开动列车自然结束。

歌曲《小树叶》
（大班）

教师：左慧娟

活动名称

歌曲《小树叶》

活动目标

1. 根据图谱掌握歌曲节奏与歌词，能感受附点音符。
2. 尝试理解歌曲中两段歌词所表达的不同情感，用两种歌声表现歌曲。

活动重、难点分析

1. 活动重点：感受、体会、掌握附点音符。
2. 活动难点：在体会感受附点音符的基础上，表达出歌曲的情感。

重、难点解决策略预设

1. 利用视频感受、体会歌曲表达的情感。
2. 利用课件帮助幼儿感受附点音符的节奏和唱法。

活动准备

物质准备：课件《小树叶》，视频《小树叶》，钢琴。

活动过程

一、律动引入活动。

1. 律动《我是一片小树叶》，进入活动区域。

2. 发声练习《小树叶的歌声》。

教师：现在是什么季节？秋风刮起来了，小树叶被风吹得发出了什么声音？它们在怎么唱歌呢？

二、欣赏歌曲，学说歌词，体会歌曲情感。

1. 播放视频，欣赏歌曲，体会情感。

教师：小树叶沙沙地响，好像在说话，它说了些什么？我们一起听一听。

2. 熟悉歌词，引导幼儿用节奏说歌词。

提问：秋风刮起来了，小树叶发生了什么事？

它是怎样离开妈妈的？它的心情怎么样？

小树叶离开了妈妈，它还会回来吗？那什么时候会回来？

3. 播放课件，熟悉歌词，用节奏旋律朗诵歌词，感受附点音符。

（1）出示节奏图谱，重点引导幼儿感受附点音符的节奏及唱法。

（2）播放活动课件，完整、连贯地朗诵歌词。

三、学唱歌曲，幼儿完整演唱。

1. 幼儿跟教师学唱。

2. 启发幼儿用两种声音演唱歌曲的第一段和第二段。

教师：歌曲的两段表现了小树叶不同的心情，我们应该用什么声音演唱？

3. 播放视频，幼儿扮演"小树叶"，围着"树妈妈"边唱歌、边跳舞。

4. 幼儿与教师互动游戏。

美　术
寻找丢失的螺旋

（小班）

教师：高洁芳

活动名称

寻找丢失的螺旋

活动目标

1. 通过动画情境认知螺旋线，感知螺旋线基本画法。
2. 通过作业纸练习绘画螺旋线，感受有情境绘画的乐趣。

活动重、难点分析

1. 活动重点：认识螺旋线，感知螺旋线"从中心向外一圈一圈地画"的基本画法。
2. 活动难点：用正确的方法独立画出螺旋线。

重、难点解决策略预设

1. 运用动画课件激发幼儿画螺旋线的兴趣，用儿歌为幼儿提供绘画螺旋线的方法。

2. 运用作业纸分层次练习绘画，降低画螺旋线的难度。

活动准备

1. 经验准备：会使用水彩笔绘画线条、认识虚线。

2. 物质准备：flash 课件，水彩笔，作业纸，油画棒。

活动过程

一、情境引入，认知螺旋线。

1. 欣赏 flash 故事《寻找丢失的螺旋》，认识螺旋线。

2. 提问：小猫、小羊、蜗牛的什么不见了？

喜羊羊是怎么画的？边说儿歌、边画：从中心向外，一圈一圈旋转。

3. 请幼儿模仿动画中喜羊羊的动作和语言，用手在空中画螺旋线，并说出绘画要点：从中心向外，一圈一圈地旋转。

二、教师展示作业纸。

1. 展示情景作业纸。

这些小动物没有找到螺旋线，你能像喜羊羊一样帮助他们吗？我们该怎么帮助他们呢？

观看不同层次的作业纸，回忆绘画要点：

作业纸 1：沿虚线画螺旋线。

作业纸 2：续画螺旋线。

作业纸 3：从一点开始向外画螺旋线。

2. 展示作业纸装订成的小书。

三、幼儿进行绘画。

1. 请幼儿自主选择作业纸，取水彩笔进行绘画。

2. 教师进行随机指导。

（1）鼓励幼儿取不同的作业纸，尝试用不同方式画螺旋线。

（2）鼓励画完螺旋线的幼儿为画面涂色。

四、活动延伸。

把幼儿作品装订成小书，并为幼儿的作品写名字，请幼儿讲一讲自己绘画的小书。

小 樱 桃

(小班)

教师：张志娟

活动名称

小樱桃

活动目标

1. 使用两种绘画工具，在树上添画樱桃。
2. 感受棉签画中点与画带来的不同效果，感受绘画的乐趣。

活动重、难点分析

1. 活动重点：两种绘画工具相结合，在树上添画樱桃。
2. 活动难点：掌握两个樱桃把儿之间的连接。

重、难点解决策略预设

1. 通过观看课件，引导幼儿了解樱桃的形状与把儿之间的联系。
2. 通过教师的示范，进一步解决樱桃把儿与把儿之间的连接。

活动准备

物质准备：课件，棉签，红颜料，绿颜料，绿色的水彩笔，作业纸。

活动过程

一、活动导入。

教师出示一盘樱桃，提问：看！老师今天给小朋友们带来了什么？

樱桃长在哪呢？出示樱桃树的照片PPT。

二、观看课件，观察樱桃的外形特征。

1. 谁来告诉老师，樱桃长什么样子？PPT展示：长长的把儿，圆圆的樱桃。

2. 樱桃长在树枝上的时候，是什么样子的？PPT展示：一嘟噜，一嘟噜的。

3. 看一看两个小樱桃长在一起的时候，是什么样子的？PPT展示。

引出儿歌：一根长把儿、一根长把儿，头碰头。圆圆的樱桃、圆圆的樱桃，乐悠悠。

4. 老师这里有一棵樱桃树，可是没有樱桃，我们一起小声地说："小樱桃快出来！"（PPT展示）我们看一看小樱桃都长在哪儿呢？（长在大树的每一根枝条上）

5. 大树上除了樱桃还有什么啊？（有枝条，枝条长满叶子）

三、教师示范樱桃的画法。

1. 教师出示两种绘画工具，都是什么？（棉签、水彩笔）

2. 一会儿，我们小朋友也要画樱桃，你们觉得应该用什么绘画工具画樱桃把儿？用什么绘画工具画樱桃？

3. 教师示范：先用水彩笔画上樱桃把儿，再用棉签画樱桃，最后再添画上叶子。提示：画的时候要由左往右、从上到下。

四、幼儿绘画，教师巡回指导。

1. 自取纸张，用水彩笔画上樱桃把儿，用棉签画上樱桃，在每个枝条间画上小樱桃。

2. 绿色的棉签添画叶子，引导幼儿将枝条空白的地方添画满绿叶。

五、引导画完的幼儿，把画面晾干。

六、活动结束。

手型彩绘——可爱的动物

(中班)

教师：高洁芳

活动名称

手型彩绘——可爱的动物

活动目标

1. 尝试运用辅助材料和手型表现动物的外形特点。

2. 大胆运用色块、线条、图案等方式在手臂上进行彩绘。

3. 感受彩绘活动的乐趣，表达对动物的热爱之情。

活动重、难点分析

1. 活动重点：感知手型彩绘的创作方法，并敢于大胆尝试彩绘活动。

2. 活动难点：能够在活动中进行动物造型的创意。

重、难点解决策略预设

1. 如果幼儿不敢在手上作画，老师要运用示范动作来激发幼儿，用语言形容颜料画在手上的感觉，让幼儿消除不安，大胆作画。

2. 幼儿在绘画过程中创意不足，可以通过 PPT 展示不同的手型彩绘，激发幼儿想象、创意或模仿，并提供相应的辅助材料作为造型道具。

活动准备

物质准备：PPT《可爱的动物》，毛笔，颜料，辅助材料小铃铛、小叉子、小木棍、皱纹纸、纸条等，湿布。

活动过程

一、游戏："猜猜它是谁"。

展示课件 P1——谁藏起来了，请幼儿根据动物的部分身体或花纹猜一猜这是谁？你是怎么看出来的？了解常见动物的外形及花纹特征。

二、感知手型创意及彩绘的方法。

1. 展示课件 P2——手型彩绘动物，请幼儿说说你发现了什么？这些小动物有什么特别的地方？

2. 请幼儿学一学这些手型彩绘的动物是怎么用手做出来的？想想还能用手变成什么不一样的动物？引导幼儿大胆创意，鼓励幼儿相互模仿。

3. 观察自己变出的小动物和 PPT 中的小动物有什么不同？如何才能让自己的小动物也穿上漂亮的外衣？

4. 老师在自己的手上进行彩绘活动，请幼儿说一说老师应该涂什么颜色？怎么涂？了解先涂底色、再涂花纹的涂色方法。

三、幼儿彩绘创作活动。

1. 先想一想你想用手变成什么小动物？它是什么样子的？怎样用手或使用桌上的材料表现出来？

2. 再想一想，这个小动物是什么颜色的？有没有花纹？花纹是什么样的？可以用什么颜色来表现？在手臂的哪里要涂上什么颜色？涂色的顺序是什么？

3. 请幼儿在思考后开始创作，教师在彩绘过程中，鼓励幼儿大胆创造，根据幼儿的绘画情况予以指导。

四、快乐的动物舞会。

1. 播放《马达加斯加》中欢快的音乐，运用实物投影，分组展示幼儿的手部彩绘作品。

2. 教师与幼儿共同欣赏，引导幼儿说一说你喜欢谁？为什么？

3. 请幼儿让手上的动物跟随欢快的音乐自由舞蹈，活动自然结束。

石头创意——动物

（中班）

教师：冀文华

活动名称

石头创意——动物

活动目标

1. 尝试用石头做小动物的身体，与橡皮泥一起创意动物形象。
2. 在制作活动中体验集体创作的快乐。

活动重、难点分析

1. 活动重点：掌握动物形状的变化。
2. 活动难点：用橡皮泥与石头结合，表现动物的基本特征。

重、难点解决策略预设

1. 运用课件中图像在动物身体部分的闪烁，促进幼儿能够对动物身体的基本结构有清晰地了解。

2. 每一组提供动物形象，帮助幼儿更清晰地分析自己所要制作的动物是什么样子。

活动准备

物质准备：幻灯片，背景图，石头，橡皮泥，橡皮泥制作辅助工具。

活动过程

一、教师出示石头。

我们一起收集了许多的石头，今天我们用石头来创意小动物。

二、出示背景图。

这是什么地方？（动物园、池塘）

三、引导幼儿观察幻灯片。

1. 小朋友已经讨论过池塘中生活的小动物，请小朋友们看看它们是谁？

2. 这些池塘中的小动物身体中都藏着什么图形？（教师课件中闪现小动物身体接近的图形）

3. 如果用石头和橡皮泥制作这些小动物，石头可以做池塘小动物的哪一部分？橡皮泥来做小动物的哪一部分？

四、引导幼儿观察幻灯片。

1. 在草地上生活的小动物是谁呢？

2. 这些草地上的小动物身上藏着什么图形？

3. 如果用石头和橡皮泥做草地上的小动物，石头可以做小动物的哪一部分？橡皮泥可以做小动物的哪一部分？

五、教师引导讨论。

1. 在制作这些小动物中，你认为哪一种动物的什么地方最难？可以找到老师或小朋友帮助。

2. 在制作小动物时，你需要什么工具帮助，可以到这里来取？

六、教师提要求。

1. 小朋友在制作前先想一想自己要做什么动物？

2. 在制作这个动物时，需要几块石头？

3. 你用石头当做小动物的哪一部分？

4. 请小朋友先把石头用两面贴粘贴好再用橡皮泥进行创意制作。

5. 如果你遇到问题，可以举手请老师来帮助你。

七、幼儿合作制作，教师观察与辅导。

八、作品集体展示。

绘画——大家一起来跳绳

（中班）

教师：冀文华

🔮 活动名称

绘画——大家一起来跳绳

🏆 活动目标

1. 在绘画正面人物的基础上，表现出跳绳时人物手臂的动态。
2. 感受一起跳绳的乐趣，并用图画的形式表现。

🎭 活动重、难点分析

1. 活动重点：表现出跳绳时人物手臂的动态。
2. 活动难点：表现出跳绳时人物手臂的动态。

🍪 重、难点解决策略预设

1. 幼儿通过语言的描述，了解跳绳时的动作。
2. 幼儿跳绳引导大家观察手臂动作与跳绳方向，为绘画打基础。
3. 课件引导幼儿了解手臂动作，再一次为绘画打基础。

🎈 活动准备

物质准备：课件，活动人物图，图画纸，笔。

💝 活动过程

一、出示课件《跳绳》。

1. 提问：这个小朋友在做什么？

小朋友跳绳时的动作是怎样的？

请一位小朋友学一学，大家仔细观察。

请幼儿用语言说出他跳绳时的动作。

2. 幼儿自己学一学跳绳时，手臂的动作是什么样子的？

请小朋友用语言描述一下跳绳时，手臂动作有几种？

二、欣赏幼儿跳绳，引导幼儿观察并说出跳绳的手臂动作与绳子的关系。

提问：小朋友跳绳时，手臂动作与绳子方向是什么样子的？

三、请小朋友欣赏儿童画《跳绳》，教师进行讲解。

四、绘画引导。

（1）今天我们来画《大家一起来跳绳》。

（2）怎样画才能表现出是我们一起来跳绳呢？

（3）绘画中我们需要先画什么？再画什么？

（4）提示正确的坐姿和握笔姿势。

（5）自由添画，使画面更加丰富。

五、幼儿绘画，教师巡回辅导。

六、小结，幼儿作品欣赏。

画　荷

（大班）

教师：高洁芳

活动名称

画荷

活动目标

1. 感知荷花、荷叶、莲蓬、花苞的造型特点。
2. 尝试运用线条画出荷花，并运用渐变的色彩进行着色。
3. 欣赏他人作品，体会不同构图的美，自己尝试构图。

活动重、难点分析

1. 活动重点：感知荷花的造型美，运用渐变色进行涂色。
2. 活动难点：能够在画面中体现不同构图，如"疏密""远近""遮挡"。

重、难点解决策略预设

1. 引导幼儿观察荷花不同形态部分的色彩变化，说一说运用什么颜色搭配更能体现荷花的柔美？
2. 通过欣赏不同形式荷花的绘画作品，感受不同的构图。

活动准备

1. 经验准备：幼儿有一定线条画的基础；幼儿感受过渐变色涂色方法；幼儿在生活

中看到过荷花并进行过观察。

2. 物质准备：PPT《画荷》，水墨动画《夏》，flash 动画《荷花线条画》，白纸，水彩笔，油画棒。

活动过程

一、谜语引入，激发幼儿对荷花的兴趣。

1. PPT1 出示谜语：

小小一姑娘，坐在水中央，身穿粉红袄，阵阵放清香。（打一植物：荷花）

2. 出示荷花图片及文字 PPT2，引导幼儿观察，荷花是否像谜语中描述的形象。

3. 出示含苞待放的花苞 PPT3，一只蜻蜓停在花苞上。请幼儿说说，看到这幅图想到了什么？出示古诗《小池》，和幼儿一起朗诵。

二、观察荷花的各个部分及夏日荷塘的情境。

1. 点题：请小朋友们画荷。

PPT4 下面有四个选项，荷叶、花苞、荷花、莲蓬，请幼儿说说想先观察哪一个？教师使用连接进行选择，PPT5～8 均设有返回 PPT4 的链接，幼儿观察之后可以返回 PPT4 再次进行选择。

（1）请幼儿在观察时说出所观察事物的名称、颜色、形状、特点或说说像什么。

（2）请幼儿把小眼睛变成照相机，把看到的造型"拍"下来，记住造型。

2. 点击 PPT4 右下角的荷花图片进行链接。

（1）PPT 展示一朵盛开的荷花。

提问：荷花是什么季节的花？荷花开在什么地方？池塘里是什么情境呢？我们来欣赏一下。

（2）点击"夏"字，通过链接播放一段《夏》的水墨动画，展现夏日荷花盛开在池塘的美景。

观看后用提问引导幼儿回忆动画。

提问：池塘中除了荷花还有什么？（飞舞的蜻蜓、水中的鱼、岸边的人）你可以在荷花旁画什么，才能构成一幅完整的图画？

三、引导幼儿构图并观看荷花的动画。

1. 请幼儿欣赏三张荷花的图片 PPT10，四张不同风格、不同构图的"荷花"PPT11，体会不同构图的美感，拓展思路。

提问：你看到了几朵荷花？荷花画在什么位置？请想想你准备画几朵荷花？画在纸的什么位置？你准备怎么构图？

2. 出示《荷花的简单画法》flash，请幼儿观看荷花的线条画、绘画步骤并进行绘画，教师随机指导。

引导语：请你看看荷花上的线条画怎么画？从哪里下笔？

这只是侧面的荷花，你可以画刚才观察过的、不同角度的荷花。

四、延伸活动——幼儿作品展示。

1. 请幼儿为自己画的荷花配上一句话，教师把照片用幻灯的形式展示。

2. PPT13～23 设置为自动播放，请幼儿边听音乐《荷花颂》，边欣赏自己的作品。

创意绘画——小老鼠上灯台

（大班）

教师：冀文华

🔵 活动名称

创意绘画——小老鼠上灯台

🏆 活动目标

1. 在熟悉儿歌的基础上，锻炼幼儿用丰富的画面表现儿歌的内容。
2. 在绘画中培养幼儿合理布置画面能力及丰富的想象能力。

🌀 活动重、难点分析

1. 活动重点：想象儿歌中老鼠在偷油吃与叽里咕噜滚下来的情景。
2. 活动难点：老鼠不同的姿态与灯台的形象。

🌸 重、难点解决策略预设

1. 利用课件引导小朋友了解老鼠与灯台的形象并想象画面。
2. 利用小朋友在游戏中的已有经验，理解重点句式"叽里咕噜滚下来"中的画面。

🎈 活动准备

1. 经验准备：小朋友熟悉儿歌。
2. 物质准备：课件，纸，笔。

💝 活动过程

一、看课件朗诵诗歌。

教师出示课件，帮助小朋友复习、理解诗歌《小老鼠上灯台》。

二、提问。

1. 诗歌叫什么名字？
2. 小老鼠到灯台上偷油吃的神态是什么样子的？

有多少只老鼠来偷油？

3. 灯台可以是什么样子的？它是放在哪里的？
4. 猫来了，猫看到老鼠后是什么表情、动作？
5. 诗歌中说"叽里咕噜滚下来"，什么样子是叽里咕噜滚？请每组小朋友用动作表现出来。

三、提出要求，启发绘画。

1. 绘画时先想一想这首诗歌中主要说了一件什么事情？

2. 在这首诗歌中偷油吃的小老鼠有多少只？

3. 每只滚下来的小老鼠表情是不是一样？是用什么姿态下来的？

4. 在绘画中既要表现出老鼠害怕的样子，又要表现出猫的威风状态。

四、幼儿绘画教师辅导。

在辅导幼儿绘画中，教师根据幼儿的画面进行适当提问式引导，使幼儿能够对诗歌产生丰富地联想，让画面更丰富。

五、幼儿自己介绍作品并欣赏。

泥条盘筑——花瓶

（大班）

教师：冀文华

活动名称

泥条盘筑——花瓶

活动目标

1. 尝试运用两条不同的花纹盘筑，对花瓶进行装饰。

2. 在创作中体验合作创作的快乐。

活动重、难点分析

1. 活动重点：根据自己设计的花纹有目的地进行盘筑。

2. 活动难点：利用两条花纹组合方式对花瓶进行装饰。

重、难点解决策略预设

1. 利用课件表现从底部开始立体围拢及花纹组合的过程。

2. 利用合作的形式进行线条组合，根据线条与花纹的组合有目的地进行盘筑花瓶。

活动准备

物质准备：活动课件泥条盘筑花瓶，操作线条、花瓶模板。

活动过程

一、感知花纹组合的装饰方法。

1. 讨论：小朋友泥条盘筑作品中已经开始运用花纹，你们用过哪些花纹？你还知道那些花纹？

2. 出示 PPT，请幼儿拖动课件中的花纹，感知不同的花纹特征及名称。

3. 问题：在这些花纹中你认为哪一个是自己没有做过的，又是想做的？

二、欣赏课件《泥条盘铸——花瓶》。

1. 讨论：如果用两条以上的花纹进行盘筑，你可以把花纹在花瓶上如何排列？

2. 请幼儿尝试利用花纹组合的方式在白板上创造一个新的花瓶，感知装饰的效果。

3. 小朋友运用两条花纹，中间用几圈泥条来把它们隔开最合适呢？

4. 请小朋友在上面用笔画出，并进行尝试。

三、尝试制作立体花瓶并进行装饰。

1. 你们想合作制作一个花瓶吗？想用什么样的花纹进行装饰？

2. 请小朋友找好你的伙伴，选择两种花纹在花瓶上排好位置，花纹的上下用几圈泥条？请用笔画出来，形成你喜欢的花瓶。

3. 请小朋友根据与同伴确定的花纹图样进行合作创作。

4. 教师依据幼儿的需要进行个性化引导，并通过数码相机拍摄幼儿制作过程中的创意做法，进行启发和引导。

四、作品欣赏与评析。

立体贺卡

（大班）

教师：王朔

活动名称

立体贺年卡

活动目标

1. 幼儿能以小组形式确定贺卡的主题，并合作制作一张立体贺卡。

2. 能够运用多种方法（折、剪、贴）制作立体贺卡。

活动重、难点分析

1. 活动重点：幼儿能够通过合作的方式制作立体贺卡。

2. 活动难点：运用多种方法进行立体贺卡制作。

重、难点解决策略预设

1. 每组通过讨论的方式，研究出本组制作贺卡时的分工方式，发挥每个幼儿的优势，起到更好的合作效果。

2. 贺卡的制作，避免单一形式的现象出现。

活动准备

物质准备：范例图片，硬质地纸张，油画棒，水彩笔，剪刀，几何图形图片，双面胶。

活动过程

一、图片导入。

1. 播放 PPT，圣诞节图片及音乐。

2. 提问：这是什么音乐？什么节日会播放这首乐曲？

圣诞节我们会相互怎样祝福呢？（贺卡）

二、欣赏贺卡。

1. 出示贺卡范例。

老师做的这张贺卡和普通的贺卡有什么区别？（立体）

2. 如何能让自己的贺卡变成立体？有几种做立体贺卡的技巧？

幼儿说说自己的想法。

教师通过 PPT 将制作立体贺卡的方式进行汇总，给幼儿播放、欣赏。

3. 请幼儿欣赏一些精美的立体贺卡，扩展幼儿制作思路。

三、讨论合作。

1. 给每组幼儿 3～5 分钟的时间，讨论制作的主题。

2. 讨论每组的分工方式。

四、幼儿制作贺卡。

教师巡回指导，重点进行连接方式的指导。

五、展示评分。

每组幼儿将制作好的贺卡进行展示。说一说，你最喜欢哪一张？